IMÁGENES Y MITOS

GAUDI

ISBN: 84-7782-171-2
Depósito Legal: B-35061/1991

LUNWERG EDITORES, S.A.
Beethoven, 12 – 08021 BARCELONA. Tel. 201 59 33 – Fax 201 15 87
Manuel Silvela, 12 – 28010 MADRID. Tel. 593 00 58 – Fax 593 00 70
Printed in Spain

IMÁGENES Y MITOS

GAUDI

Fotografía
Alain Willaume

Texto
Jordi Castellanos
Juan José Lahuerta

LUNWERG
EDITORES. S.A.

ANTONI GAUDÍ: IMÁGENES Y MITOS

El mito de los orígenes: la tierra, el artesano

«Antoni Gaudí i Cornet nació en Reus, el 25 de junio de 1852, en una casa de la calle de la Amargura y no de la calle de Sant Joan, como erróneamente se ha escrito. Su padre era un calderero natural de Riudoms, el pueblo en el que transcurrió gran parte de la infancia del futuro gran artista; su madre, que murió siendo Antoni un niño, era del mismo Reus.»

Así empezaba en 1928, menos de dos años después de la muerte del arquitecto, su primera biografía, escrita por uno de sus discípulos, Josep Francesc Ràfols. Las palabras no pueden ser, en apariencia, más convencionalmente neutras, unos simples datos. Además del día, del año y del lugar de nacimiento —precisado con una meticulosidad que presagia futuras y ociosas discusiones sobre si Gaudí era de aquí o de allá, de Reus o Riudoms— se indica el oficio del padre y se sugiere, con tonalidad premonitoria, la relación del futuro genio con el paisaje de su infancia. Son datos con los que, en realidad, Gaudí no mantendrá a lo largo de su vida ninguna relación física efectiva. A los 17 años se trasladará definitivamente a Barcelona para estudiar la carrera de arquitectura, y sus relaciones con Reus, con Riudoms o, en general, con la comarca del Camp de Tarragona, desde el punto de vista de su obra proyectada o construida, serán prácticamente inexistentes. Además, así haciendo, Gaudí será, precisamente, el llamado a romper con una tradición familiar de artesanos que, tanto por parte de padre como de madre, se remontaba a varias generaciones. Sin embargo, sobre esos dos datos —el lugar de nacimiento, la herencia artesana— se ha construido el mito de los orígenes de la personalidad artística de Gaudí, de su genio característico en gran parte a partir de la actitud y de las insinuaciones del propio arquitecto.

Ante todo, el lugar de nacimiento: el Camp de Tarragona. Las líneas de la biografía de Ràfols que citábamos al principio continúan así:

«La luz del Camp de Tarragona que había mimado al arquitecto renacentista Pere Blay y conservado sus mejores obras al escultor barroco Lluís Bonifàs y su hermano Francesc, diestro éste en hacer jugar las medidas neoclásicas, fue la luz que se filtró en la mirada azul de Gaudí, aquella mirada penetrante y apta para descubrir secretos del gran misterio cósmico.»

Vemos, pues, cómo para Ràfols, al nacer en el Camp de Tarragona, Gaudí no hace sino conectar necesariamente con una línea de artistas y arquitectos catalanes que, del «renacimiento» al «barroco», al «neoclasicismo», representan todo un ciclo de la historia de la arquitectura, como si alguna cosa hubiese en aquella tierra, alguna inmanencia, que provocase esa continuidad. La luz, la luz del Camp, es, al parecer, aquello que contiene el secreto. Una luz que, finalmente, Ràfols relaciona con el color mismo de los ojos del arquitecto: azul. Entre la tierra y sus generaciones de artistas, la luz de esa tierra y el color de los ojos, se cierra un círculo que conduce finalmente, en la frase de Ràfols, al descubrimiento de los secretos cósmicos. Es obvio que se nos está describiendo a un elegido, a un predestinado.

A Ràfols, sin embargo, no le hace falta decir eso que nosotros acabamos de deducir, ni tampoco que ese color azul y esos ojos transparentes hacen pensar en el mar y el cielo que tópicamente se asocian al paisaje mediterráneo, ni aun otras cosas, como la mismísima santidad del arquitecto, que ahora resultan ya para nosotros demasiado escondidas. En realidad todo queda insinuado en sus palabras o, aún mejor, está implícito en ellas, que, en cierto modo, van ya dirigidas a iniciados. En efecto, que unas cualidades extraordinarias le habían sido concedidas a través del color y la luz de una tierra inmanente, era algo que el propio Gaudí había manifestado en multitud de ocasiones, como sabemos a través de los dichos que sus discípulos, a lo largo de los años, fueron devotamente recogiendo. Martinell, por ejemplo, recuerda éste, tan concentrado:

«Mis cualidades griegas vienen dadas por el Mediterráneo, cuya visión constituye para mí una necesidad. Necesito ver el mar a menudo, y muchos domingos me voy a la escollera. El mar es lo único que sintetiza las tres dimensiones —espacio—. En su superficie se refleja el cielo, y a través de ella veo el fondo y el movimiento. Mi ideal sería ver todo esto en la playa del Miracle de Tarragona, donde la luz y los colores tienen otros matices; pero debo conformarme viéndolo desde la escollera.»

Grecia, paradigma, o, más propiamente, lugar común, de todo mediteraneismo, el mar, el cielo reflejado en él... Así, pues, Gaudí habla de una capacidad plástica característica de los mediterráneos, y envuelve sus palabras de todos sus tópicos: luz, espacio... En otras ocasiones se refiere a las capacidades de los nacidos en el Camp de Tarragona con palabras más precisas, las cuales sintonizan perfectamente, ampliándolas, con aquellas que Ràfols dedicaba a las generaciones de artistas de aquella tierra, cuya culminación era Gaudí. Cita también Martinell:

«La arquitectura es algo plástico, que consiste en situar (...). La arquitectura «sitúa» masas constructivas distribuidoras de fuerzas (...). La gente del Camp de Tarragona tiene muy desarrollada esta visión plástica de la situación: Fortuny vio el color con más seguridad que los grandes maestros, mejor que Velázquez y Rafael, y casi como el Veronés...»

Pero Gaudí, en aquel dicho, no sólo hablaba de capacidades plásticas, sino que «quería decir» también algo más. El mar, la luz, el espacio, el movimiento... todo eso era «visto» —obviamente, con sus ojos azules— «idealmente» en la playa de Tarragona: no se podría ser más... implícito. Las insinuaciones de Gaudí, antes de llegar a las palabras llenas de sobreentendidos de Ràfols, habían sido ya bien elaboradas, y en muchas direcciones, como más arriba indicábamos, por sus hagiógrafos. En casi todos los comentaristas contemporáneos de Gaudí, esa relación trascendente de tierra, mar, cielo, luz y color con el arquitecto, y, más precisamente, con sus ojos, o sea, con su «visión», es un motivo obligado para referirse, no ya a su capacidad plástica, lo más inmediato y sencillo, sino aún más allá, a su predestinación genial. Unas palabras escritas por Francesc Pujols ya en 1914 en la *Revista Nova* nos dan una idea de hasta qué punto la simple mención de los ojos se ha convertido en impres-

cindible para sobreentenderlo todo, o, dicho de otro modo, de la fuerza con la que ese tópico, tan tempranamente, se había ya asentado:

«Toda la ciencia de los años y toda la inspiración aprehendida por los siglos se ha ido abriendo camino en el pensamiento de este catalán de los ojos azules, que tanto por los ojos como por la mirada y el habla es una bala de vidrio.»

Es sobre todo leyendo artículos como el necrológico publicado por Joan Llongueras «Chiron» en *La Veu de Catalunya,* cómo nos damos cuenta de hacia dónde lleva el sentido de esta trama de referencias simbólicas:

«No creo que seamos nosotros, los que todavía vemos por doquier la luz clara de sus ojos azules, aquellos ojos penetrantes, refulgentes como un esmalte y brillantes como las aguas mediterráneas, los que podemos abrir el proceso de este gran catalán que era nuestro Antoni Gaudí.
»Pero el proceso de su vida, enteramente intensa y concentrada, y de su obra, totalmente gigantesca y exuberante, totalmente ungida, se abrirá un día u otro, y este proceso será, para nuestro pueblo y para las aspiraciones y anhelos que, a pesar de todo, lo sostienen, lleno de vivas y trascendentales revelaciones.»

Ahora es el pueblo mismo y sus aspiraciones lo que se identifica con un Gaudí que continúa siendo, ante todo como descripción física, unos ojos de luz mediterránea. Pero no sólo física. Si los ojos son el órgano de la «vista», en el caso de un «visionario» como Gaudí, serán el órgano de la «visión», el alma. El lenguaje metafórico de Chiron se hace transparente cuando habla de revelaciones trascendentales.

No por casualidad su artículo se titula «El geni i el sant.» En la «visión» del elegido, genialidad y santidad coinciden necesariamente. Así, de los ojos azules de Gaudí, que filtran para crear su obra, no lo olvidemos, la luz de una tierra mediterránea, plástica por excelencia, se pasa, con la mayor naturalidad, a la descripción idealizada de su aspecto. Llorenç Riber, también con motivo de su muerte, lo recordaba así:

«Cuando Antoni Gaudí viajó a Mallorca, para la reforma de la catedral —obra titánica que requería el brazo de un titán—, tenía en sus ojos aquel color de cielo enigmático y profundo y tenía todavía en su barba aquel augusto color de olivo que celebró Carner. La última vez que lo vi, hace muy pocos días, su barba color de olivo de veinte años ha, cuando yo lo conocí, como por un milagro de aquellos que leemos en la hagiografía de Jacobo de Voragine, se había transmutado en nieve y lirio, y era blanca e inculta y posiblemente olorosa como la vara de un san José. Los años le habían cargado la espalda; pero en sus ojos estaba el mismo color zarco que vi cuando comencé a tratarlo y que me fascinaba y daba la impresión de un mar desconocido y profundo. Aquellos ojos suyos, cautivaban y daban miedo...»

Los ojos azules son ahora enigmáticos, es decir, los ojos que ven lo que los demás no ven, los ojos del que sabe y que por eso es temido. Pero a esos ojos se une ahora la barba, la barba de olivo —un árbol de resonancias mediterráneas, y tarraconenses, también— que los años vuelven blanca, la barba del sabio y del sacerdote. Ante tal descripción, la alusión a las vidas de santos de Jacobo de Voragine, o la mención del propio san José, parecen una redundancia: ¿quién no reconocería en ella a un santo, y, aún más propiamente, a un profeta? No se podría llegar más lejos a través de unos ojos que son azules porque han filtrado la luz del Camp de Tarragona.

Pero en las palabras con las que Ràfols iniciaba su biografía encontramos otra característica. El padre de Gaudí, leemos, era calderero. Éste es el segundo gran aspecto sobre el que se construye la personalidad mítica de Gaudí: su origen artesano. J.M. Llovera, por ejemplo, también con motivo de la muerte de Gaudí, dedicaba al arquitecto este «Petit Himne Homèric»:

> *Canto al pequeño y forzudo atleta que levantaba las grandes piedras / en el aire; y formando curva, atrevido, en equilibrio inestable / gustaba dejarlas; y superando el plano y la recta / impelido por una ancestral herencia, la tercera dimensión / intentaba hacer surgir...*

Todas las formas parecen brotar del propio Gaudí. Pero ese logro de la «dimensió terça» —que tan bien coincide con la plástica mediterránea de que antes hablábamos y a la que, en definitiva, hace honor el metro clásico del poema— surge directamente de una herencia ancestral. El propio Llovera aclaraba el sentido de tal concepto refiriéndose —cómo no— a unas declaraciones del arquitecto:

«Lo supimos por el propio Gaudí en una conversación reciente y muy interesante en el rompeolas. Poco más o menos, decía el maestro:

"Mi padre hacía peroles, mi abuelo paterno hacía peroles; mi abuelo materno también hacía peroles. De las dos primeras dimensiones obtenían la tercera. Tiempo atrás vino una vieja vecina de casa que me había conocido de niño y, al ver el templo de la Sagrada Familia, ingenuamente exclamó: ¡Ay!, ay!, ¡hace lo mismo que cuando era pequeño! Tenía razón. Es una aptitud acumulada por herencia, la que me mueve y me guía." En esta conversación, más que nadie hasta ahora, nos alentó a proseguir nuestros oscuros trabajos para la adaptación rítmica del metro dactílico clásico a nuestra lengua. Por esta razón hemos querido que nuestra evocación del gran artífice, tan modesta comparada a tantas otras eximias, fuese en ese mismo viejo ritmo mediterráneo, que tanto le complacía.»

Las precisiones de esta nota no pueden ser más elocuentes. Por un lado, Llovera nos presenta a un Gaudí que ya hemos conocido, en la escollera, frente al mar, hablando de ritmos mediterráneos. Pero, por otro, hace que este mismo Gaudí recuerde cómo el oficio de sus antepasados ha determinado su modo de ver las cosas, exactamente por herencia. Una y otra imagen, en fin, quedan soldadas sin diferencias con la aparición de un Gaudí niño al que unos ojos ingenuos revelan como poseedor ya de todo ese genio transmitido. En la herencia y en la infancia del genio, como en la del santo, todo está anunciado: no es sino un tópico de la hagiografía.

Sin embargo, esa alusión a la ancestralidad artesana de la visión de Gaudí tiene otras ramificaciones: la más importante, sin duda, es la que nos lo presenta como genio intuitivo. Esta característica puede tener interpretaciones simples, como las que se refieren a su fama —buena fama en este caso— de iletrado. Dómenec Sugranyes, por ejemplo, discípulo también de Gaudí en la Sagrada Familia, escribía recordando al maestro en un artículo titulado «Gaudí en la intimitat»:

«¡Qué contraste! Aquel hombre que tan fácilmente improvisaba en la conversación personal, ni era orador ni mucho menos escritor; todo lo contrario, parecía que la pluma le produjese aversión, pasando muchos años sin escribir ni una sola letra.»

Para a continuación dedicar largos párrafos a la intuición de Gaudí. Pero las explicaciones no eran siempre tan simplistas. Así, en 1923, se publicaba en *Bella Terra* un artículo anónimo. «El Dant de l'arquitectura», que resume perfectamente las características de tal interpretación:

«Gaudí es indudablemente una de las mentalidades más fuertes que ha producido nuestro renacimiento. Es verdaderamente genial, porque es hombre de grandes intuiciones, y el genio siempre es intuitivo. Todas las grandes obras, en el orden que sea, son hijas de la inspiración, nunca nacen del frío raciocinio; en todo caso, éste viene a analizar por partes lo que aquélla ha previsto en conjunto.»

La conclusión puede parecer sorprendente:

«Así pues, es hombre de pocos libros.»

Y sin embargo es obvia:

«No es lo que llamaríamos un erudito, puesto que éste sabe las cosas que otros le han explicado, mientras que a Gaudí le ocurre lo mismo que a todos los hombres dotados excepcionalmente por Dios: saben las cosas por sí mismos, ya que las ven iluminadas por los reflejos del faro del genio.»

Ya hemos ido viendo, en citas anteriores, de dónde vienen las dotes que ha dado Dios a Gaudí, pero tampoco resulta demasiado complicado relacionar este tipo de genialidad intuitiva con su conocido modo de actuar y trabajar: ausencia de planos —o, lo que es lo mismo, ausencia de proyecto en el sentido que éste tiene de lucubración abstracta— y reivindicación, en cambio, del trabajo directo en la obra o en el taller, reivindicación del «modelo» frente al dibujo y reivindicación de la «huella» de las manos, o de la «huella» del tiempo, sobre los materiales, a veces ricos, pero muchas otras veces «pobres» o «rotos». Un artículo necrológico anónimo aparecido en *La Veu de Catalunya* —escrito por un arquitecto de «realitzacions meritíssimes»— reunía la aversión a la pluma de Gaudí con ese exhibido antiintelectualismo demostrado siempre en su obra y en su modo de trabajar:

«Los antecedentes de las obras arquitectónicas del señor Gaudí, deben buscarse en el constructor de aquellos gloriosos tiempos pretéritos. Él no fue nunca hombre de lápiz, ni dibujos, ni hojitas; él era hombre que pretendía trasladar a nuestra época todas las grandezas constructivas de nuestros antepasados románicos, góticos y del Renacimiento.»

Gaudí queda definido aquí como la culminación de una historia, no de «arquitectos», con la componente culta e intelectual que este término conlleva, sino, directamente, de «constructores». Esa mitificación de Gaudí que une en una línea su origen artesano a su intuición genial y su antiintelectualismo, tiene su mejor definición en la teorización llevada a cabo por algunos de sus discípulos, en especial por Joan Rubió i Bellver. Gaudí, sobre todo a partir de la construcción del Park Güell y de la Cripta de la Colonia Güell, había dejado de lado los métodos geométricos-matemáticos de cálculo de estructuras, para ensayar formas prácticas. Así, para determinar, más que calcular, la estructura de la Cripta Güell, había construido lo que él llamaba una «maqueta estereostática», consistente en un sistema de cordeles de los que colgaban bolsitas de lona llenas de perdigones, el peso de los cuales era proporcional a las cargas reales de la construcción. Los cordeles, sometidos a esos pesos, tomaban automáticamente la forma invertida del edificio. Pues bien, en un artículo publicado en 1906, titulado «Dificultats per a arribar a la síntesis arquitectònica», Rubió, intentando teorizar estos procedimientos, descubría en sus resultados la culminación de la arquitectura como síntesis. Por un lado, reconoce Rubió, los ingenieros ya han construido algunas de estas estructuras sintéticas:

«Hoy las construcciones de forma equilibrada son numerosas y los puentes trazados según las leyes de su propio equilibrio son cada vez más abundantes e intrépidas.»

Pero añade:

«Ese caso de rigorismo científico que prescinde de toda ley armónica no es el caso arquitectónico.»

Cuando leemos «rigorismo científico», debemos sobreentender cálculo abstracto. A esa abstracción, que Rubió entiende como alejamiento de la realidad, una realidad que sólo puede ser material, se opone la práctica de Gaudí:

«Huir de la abstracción e ir al planteamiento del problema por medios reales y positivos sin sombra ni reflejos de rigidez científica.»

Esta contraposición abstracción/pragmatismo será uno de los tópicos que más frecuentemente se usarán para definir la personalidad de Gaudí. Así, por ejemplo, con motivo de la muerte del arquitecto, Rafael Benet escribía en *La Veu de Catalunya:*

«Antoni Gaudí ha querido razonar la lírica más exaltada con su ciencia formidable: ciencia nunca abstracta, sino más bien intuida ante el caso en concreto.»

Y Francesc Folguera, en 1928, en «L'arquitectura gaudiniana»:

«Gaudí, en su intento de solución integral del problema arquitectónico, rehúye la simplificación; en la contemplación de la naturaleza, sus sentidos, dotados de una finura de percepción extraordinaria, alcanzan un sentido concreto, que él hace sinónimo de la vida, y de la abstracción, proceso negativo, hace sinónimo de la muerte, de la destrucción. Por esta razón la claridad de su obra es compleja, huye del esquematismo y del rigor geométrico, desea la apariencia de la vida, forzando a veces el valor estático de las masas.

»Este anhelo de movimiento, de la solución concreta, que le hace huir de la solución adocenada, abstracta, y le hace ingeniar soluciones personalísimas, puede decirse que es el rasgo más aparente de su estilo.»

Pero no vayamos a creer que en artículos como estos tan sólo se está reivindicando la intuición de Gaudí con argumentos al parecer más elaborados que los que se referían a su aversión por las letras. Se trata, en esta oposición —abstracto/concreto, cálculo/intuición, etc.— de dar forma a un carácter que no es sólo el del arquitecto, sino el de éste como paradigma o culminación del de todo un pueblo. En el artículo de Rubió que citábamos podemos leer:

«Hasta la fecha, las más sintéticas construcciones que se han realizado radican en el Park Güell, página gloriosísima de la arquitectura en general, primeras manifestaciones de todo un ciclo que a todos interesa que crezca y se extienda, posiblemente el más trascendental de los frutos que nuestro renacimiento ha generado, forma plástica, creación pétrea, manifestación visible y palpable de nuestro espíritu renovador y práctico, idealista y científico, amigo de vuelos hasta los horizontes lejanos y enamorado de los medios prácticos y simples para lograr grandes efectos.»

Rubió, por tanto, sin sombra de duda, pasa directamente de lo que parece ser la descripción de la obra de un arquitecto y la alabanza de sus éxitos, a la definición del espíritu de un pueblo, el catalán, que se identifica sin desperdicio alguno con el de aquel arquitecto expresado en aquella obra. De Almirall a Torras i Bages, de Casas Carbó a Pompeu Gener o a Maragall, se había ido construyendo la caracterización del catalán como un pueblo práctico que, aún en las grandes empresas, no abandona el contacto con la realidad, representada por la tierra en la que tiene los pies. En las palabras de Rubió, Gaudí se convierte en la síntesis y el símbolo de ese carácter, y eso es algo que quedará también, ya siempre, sobreentendido en su personalidad. Basta ver cómo Francesc Pujols, en un folleto publicado en 1927, da forma circular a estos argumentos, devolviéndolos a los orígenes mismos de Gaudí en su tierra:

«Hablando con aquel pensador iluminado del Camp de Tarragona, que decía que mientras viera a la gente morir, creería en la inmortalidad, y que gustaba de ver el mar desde tierra, porque de esta forma veía el cielo dos veces, en el aire y en el agua...»

Vuelve el Camp de Tarragona, y ya hemos visto varias veces a Gaudí mirando el mar y el cielo desde la escollera. Pero no hace falta estar demasiado familiarizado con la mitología catalanista de principios de siglo para advertir qué significa esa necesidad de Gaudí de ver el cielo y el mar «desde la tierra». Maragall había hecho exclamar al conde Arnau:

«A mí el cielo sólo me entusiasma si lo contemplo desde tierra, abierto sobre mí.»

El carácter esencial del protagonista de la visión maragalliana es el de Gaudí. Así, en fin, es como la tierra y la herencia lo han determinado.

El mito de la modernidad: el arquitecto de los ricos

En la misma obra de Ràfols con la que iniciábamos el apartado anterior —la primera biografía de Gaudí, publicada en 1928— encontramos estas palabras sobre la juventud del arquitecto:

«No tenemos a Gaudí en su juventud por un hombre solitario, alejado de los tratos humanos, sino que en él la superioridad intelectiva debía querer como compañera una intensidad de los sentidos. Vestía con elegancia extraordinaria, su mesa estaba siempre provista de los manjares más selectos, no descuidaba el paseo en carruaje ni la asistencia habitual al Teatro del Liceo, durante la temporada de ópera. El muchacho rural e hijo de obreros debía presentir que su arte sólo lo comprenderían y protegerían los auténticos señores; no los que lo son sólo de nombre, no los señores por posición económica, conseguida sin esfuerzo ni sacrificio, que van propagando por el mundo su presunción, sino los aristócratas de sangre, los patriarcas sociales de la innúmera gente humilde, en los que inexplicablemente se funden la inteligencia y la bondad, la responsabilidad política y el deseo de conocimiento de las novedades artísticas.»

En las líneas de Ràfols queda resumida una leyenda que los hagiógrafos y biógrafos de Gaudí han repetido casi sin excepción: la del Gaudí joven como personaje rebuscadamente refinado que no descuidaba ni una sola oportunidad para dejarse ver en las ocasiones de la alta sociedad. Es evidente que esta leyenda contiene dos cuestiones importantes en la definición mítica de la personalidad de Gaudí. Por un lado, permite medir el valor exacto de su «conversión» posterior, de su alejamiento del mundo y de su transformación en el solitario arquitecto de Dios de su madurez; por otro, sirve para plantear, ya desde el principio de su carrera, el sentido de novedad artística —y no sólo artística— que su figura representa.

Respecto a lo primero convendrá recordar otra leyenda, íntimamente ligada a la de su exquisitez: la de su también juvenil anticlericalismo. Joan Sacs, en *Simó Gómez. Història d'un pintor del Poble Sec*, escribía a propósito de algunas tertulias de intelectuales barceloneses de fin de siglo estas líneas, recordadas así, para refutarlas, por Isidro Puig Boada:

«Este cenáculo del Café Pelayo tenía otro apéndice interesante. Era una pequeña tertulia, que cuando los tertulianos de Simó Gómez iban al café se encontraba ya formada en una mesa rinconera, la tertulia de los anticlericales rabiosos, los que, según se decía, se reunían allí solamente para blasfemar en común, como en un rito nocturno. Gaudí, entonces, era tan apasionadamente anticatólico que no vacilaba nada en cuanto a sus vocingleras manifestaciones de anticatolicismo, parándose, por ejemplo, ante las puertas de las iglesias para abroncar a los fieles, al grito entonces muy en boga de "llanuts".»

La leyenda referida por Joan Sacs ha sido siempre rechazada por los gaudinistas con indignación como falsa, pero no es la cuestión de su veracidad o no lo que aquí nos interesa, sino su función en el conjunto de anécdotas que conforman la vida de Gaudí. Esta leyenda, en definitiva, permite que Gaudí se nos presente como quien en un momento determinado recibe la llamada y, abandonando sus errores, inicia, con la fuerza del convertido, una nueva vida, tanto más ejemplar cuanto mayores fueran las equivocaciones anteriores: es, evidentemente, un tópico, el de la caída del caballo camino de Damasco. El relato de Joan Sacs puede ser negado por los gaudinistas, pero no es sino el paso al límite de la descripción del Gaudí exquisito y mundano de la versión de Ràfols y de tantos otros: un Gaudí secular que se opone ejemplarmente al Gaudí místico. Aunque es cierto que este segundo Gaudí, para los hagiógrafos como Ràfols, siempre estuvo ya contenido en el primero:

«Pero el *dandismo* de Gaudí se avenía exactamente a la definición de Baudelaire: "Ser rico y amar el trabajo." Porque, a pesar de la vida social que Antoni Gaudí llevaba, las labores de arquitecto no le iban a la zaga; su naturaleza era pletórica para actuar en todo; él amaba el oficio como el hombre pleno de vocación que el Cielo nos envía.»

El segundo aspecto que puede deducirse de la descripción de Ràfols con la que iniciábamos el apartado —el sentido de novedad artística representado por Gaudí— nos interesa aún más. Se trata de un aspecto que no puede separarse de la relación de Gaudí con Eusebi Güell. Leemos, siempre en Ràfols:

«Bastante bien sabía Gaudí que para estar al nivel de estos grandes hombres no basta con la inteligencia. Es necesario algo extrínseco a la inteligencia para saber formar parte en este mundo de la nobleza. La relación de quien fue primer conde de Güell con Antoni Gaudí no fue algo casual y sin fundamento sino algo que se puede adjetivar de providencial en la acepción más alta de esta impresionante palabra. Lo que es Michelozzo Michelozzi junto a Cosme el Magnífico, se nos antoja Antoni Gaudí junto al señor Eusebi Güell. Más finura, más detalle de exquisitez bajo la luz de Florencia; más fortaleza y empuje lindando al mar Mediterráneo. El arte y el ambiente se corresponde en los dos casos eminentes.»

Podemos pasar por alto que, llevado de sus deseos, Ràfols convierta a Cosme el Viejo y a Lorenzo el Magnífico en una sola persona, porque la cuestión son los términos en los que la relación Güell/Gaudí queda planteada. Por un lado, explícita y tópicamente como relación mecenas/artista, aunque del significado de esto nos ocuparemos más adelante; por otro, como imagen paralela, en el sentido de que la descripción del Gaudí *dandy* deriva necesariamente de la personalidad que el propio Güell ofrecía de sí mismo ante sus contemporáneos. Miquel d'Esplugues, por ejemplo, en una biografía de Eusebi Güell publicada en 1921, lo describía así:

> «Aquella esbelta, elegante y correctísima figura de Eusebi Güell que ponían de relieve una vestimenta de *gentleman* y unos modales de príncipe, sobresaliente siempre en medio de cualquier conglomerado humano, incluso entre los de su propia clase...»

Descripción que, por otra parte, no hace sino resumir un tópico del que una simple hojeada a las necrológicas publicadas a la muerte de Güell en 1918 nos permite reconocer la extensión y la aceptación social. La de *La Veu de Catalunya,* por ejemplo, empezaba así:

> «Ha muerto el conde de Güell, gran señor, patricio *gentleman* en todos los aspectos de la vida pública y privada.»

La personalidad de Güell como gran señor, elegante, *gentleman,* tiene en la imagen del *amateur,* del *dilettante,* una de sus componentes más importantes. En la misma necrológica que acabamos de citar podemos leer también:

> «El conde Güell era amante de los libros, de las buenas esculturas, de las buenas telas, de la bella arquitectura y de la música bella. Quien haya asistido a una fiesta en su palacio del carrer Nou habrá podido comprobarlo totalmente por la presencia de eminentes literatos, por las armonías que han colmado a oleadas las maravillosas perspectivas del arte de Gaudí, por el descubrimiento —aquí o allá— en un tapiz o en un rincón de galería, de extraordinarias maravillas de la escultura y de la pintura de otros tiempos y del nuestro.»

Ese amor por los libros y las obras de arte no puede sino reflejarse en el mismo personaje, en su aspecto y en sus cosas. Esto, por ejemplo, escribía J(osep) F(ranquesa) en un artículo en *La Renaixença,* en 1894, en medio de una descripción del Palacio Güell:

> «Quien viera todo esto encontraría también, allá en el primer rellano, el giro de una bóveda,

y sentado en su escritorio, que parece un estudio de novelista francés de moda, la simpática figura de don Eusebi Güell, el dichoso posesor de tanta joya, con su cabeza medieval y cabellera romántica, con su cara aristocrática y afable, de expresión vigorosa y mirada melancólica, con su voz medio velada y su conversación siempre noble y siempre franca.»

Así, pues, personalidad y ambiente, una y otra cosa, se contienen y explican mutuamente. No es extraño que, en un libro de memorias publicado en París en 1931, uno de los hijos de Eusebi Güell describiese así la casa de su padre:

> «Es interesante constatar que esta casa, de concepción ultramoderna, crea una atmósfera que armoniza perfectamente con las antiguas pinturas, y es posible que algunos de los que la han visitado hayan pensado que tenía siglos de existencia, como si fuera el delirio de un artista veneciano del siglo XV.»

Estamos ya, pues, en la casa de Eusebi Güell, es decir, en el palacio que Gaudí construyó para él a partir de 1884. En este edificio, la personalidad de Güell, tal como acabamos de recordarla, y la personalidad del Gaudí joven del que nos hablan las biografías, se encuentran «providencialmente», o sea, sin desajuste alguno. Un Gaudí portador de novedades y un especialísimo *gentleman.* Pero, ¿cuál es el sentido de esta providencialidad? Frederic Rahola publicaba en 1890 en *La Vanguardia* un largo artículo sobre el Palacio Güell que comenzaba así:

> «No se puede negar que las construcciones modernas en Barcelona ofrecen monótono parecido, imperando en todas el mismo gusto exótico, revelándose doquiera el influjo del renacimiento con reminiscencias extranjeras. Esto origina cierta uniformidad enojosa en nuestro Ensanche, cuyos edificios no tienen carácter propio, mostrando en conjunto una arquitectura de imitación, falta de inventiva y originalidad.
> »La culpa de esta carencia de fisonomía peculiar es debida en gran parte al predominio del constructor sobre el arquitecto, y a la imposición que coarta las facultades creadoras del artista, impidiendo el libre movimiento de su fantasía.
> »De un tiempo a esta parte la joven generación rompe con la rutina, logra que prevalezcan sus ideas y comienza a salpicar la ciudad de

nuevas construcciones que revelan personalidad decidida... Al frente de esta renovación arquitectónica marchan Gaudí y Doménech, ambos anhelantes de encarnar la arquitectura en formas nuevas, enemigos de la tiranía académica, despreocupados ante las reglas de construcción al uso, cuando dificultan el vuelo de su imaginación soñadora.

»Gaudí en particular, es un verdadero excéntrico. Con espíritu reformista huye de los moldes viejos, se emancipa del gusto dominante, razona cuanto hace y en todo pone algo suyo, nunca vulgar, siempre reflejo de brillante facundia imaginativa. Sus construcciones, que luchan con la rutina y con la moda, esa imitación de formas superiores por los espíritus adocenados, como la llama Hebert Spencer, no gustarán a todos, a muchos parecerán extravagantes, pero nadie negará que acusan un gran espíritu de independencia en un arte completamente esclavo de otras edades.

»Ésta es la gran cualidad de Gaudí, que siquiera refleja obras que reflejan un temperamento artístico, y manifiestan el influjo de las ideas, sentimientos y necesidades de la época en que han visto la luz.

»La morada de don Eusebio Güell merece ser estudiada desde este punto de vista por representar algo nuevo y moderno en arquitectura, así como por ser uno de los testimonios más vivos y fehacientes de la cultura artística de Cataluña en los tiempos presentes.»

El Palacio Güell es percibido ante todo como símbolo de modernidad, novedad radical cuya manifestación ha sido posible gracias a unas condiciones concretas: la excentricidad de un arquitecto que, al contrario de lo que suele ocurrir, no ha sido cohartada sino impulsada por el propietario. Rahola, en realidad, utilizando el caso del Palacio Güell, está dando una lección a las nuevas elites barcelonesas, indicándoles el camino que se ha de seguir. El Palacio Güell se convierte, así, en una ocasión ejemplar. Es en la ejemplaridad de ese resultado donde está contenido el verdadero sentido de la providencialidad del encuentro Güell/Gaudí, providencialidad a la que, naturalmente, también Rahola se refiere:

«Gaudí ha tenido la rara suerte de topar con un hombre superior, tan opulento como ilustrado, que ha dejado moverse al artista con entera libertad, teniendo plena confianza en su talento, sin preocuparse de las excomuniones del vulgo, y al decir vulgo, nos referimos a esos siervos del hábito, que no toleran alarde alguno que venga a perturbar la pacífica posesión en que están de ideas y formas incrustadas automáticamente en su cerebro.»

Pero de las citas de Rahola tenemos que deducir otra cuestión muy importante: la originalidad de Gaudí tiene un sentido positivo sólo y exclusivamente si forma parte del proyecto del señor, de Eusebi Güell. Rahola dice que Gaudí es un verdadero excéntrico, y, obviamente, para que esa excentricidad pueda ser interpretada, no como capricho individual, sino como manifestación genial, tiene que estar sujeta a un fin que está más allá de ella misma. Con extrema cautela, Josep Puiggarí, en una monografía sobre el palacio publicada en 1894, se refería al doble filo de esa excentricidad:

«El propietario, hábilmente inspirado o secundado por el arquitecto D.A. Gaudí, que es un humorista a su guisa, se propuso y consiguió realizar una obra sui generis, sin parangón en Barcelona ni —que sepamos— en lugar alguno...

»De cualquier manera, hacer algo nuevo siempre es un mérito, aunque resulte una rareza. ¿Por qué no ha de extenderse el *quilibet audeundi* de pintores y poetas a los arquitectos? Está ya tan agotada la materia de construcciones y estilos, que introducir una novedad poco o muy alejada de las doctrinas y corrientes dominantes, requiere, por cierto, algún talento, y quien se distingue de la turbamulta demuestra tener sobre ésta cierta superioridad. Esta consideración toma relieve hoy día —cuando es dificilísimo inventar sobre la inmensidad de conocimientos sancionados, clasificados y, de algún modo, agotados—, y especialmente en el arte, que parece haber dicho su última palabra, ahíto de estrujar bajo todos los conceptos las fórmulas etnográficas e históricas, al punto de que nuestro siglo todavía no ha acertado a enunciar la suya. Aquel, pues, que consigue alzar un edificio más o menos diferente de los otros, tanto en el trazo general como en singularidad de detalle, no sólo da muestras de iniciativa y subjetivismo, sino que deja abierto el camino para que otros hagan lo propio, siguiendo la misma o diversas vías, con ánimo deliberado de innovar acertando, ser originales, restauradores, reformadores o creadores, atributo de la Divinidad y supremo desideratum del artista. Tendrá sus inconvenientes o dificultades dicha empresa, ya que de lo sublime a lo ridículo hay un paso...»

Está claro, pues, que la originalidad tiene que estar dirigida a un fin que la supere, si no quiere convertirse en excentricidad ridícula. Aquí es donde, obviamente, se hace necesario presentar la relación Güell/Gaudí —personajes que, como «autores» del palacio, Puiggarí confunde expresamente— en términos de mecenazgo. Así, la originalidad a la que está obligado el artista, consecuencia de la idea del arte por el arte ochocentista, queda subsumida en otra originalidad, la del propietario, la del mecenas, que ya no es individual sino trascendente, puesto que proviene de un «director de la sociedad», en definitiva, de un príncipe. Ya hemos visto cómo Ràfols comparaba a Güell con los Medici florentinos. Miquel d'Esplugues, por su parte, escribía que Güell es:

«... *monarca:* eso es: uno sobre todos.»

La excentricidad de Gaudí de que hablaba Rahola, el «humorista a sa guisa» de que hablaba Puiggarí, queda sublimado en la necesaria originalidad que al príncipe, como tal, le corresponde. La relación de Güell y Gaudí es, pues, socialmente ejemplar: no nos están diciendo otra cosa Rahola y Puiggarí en los fragmentos que hemos citado.

En otra parte de su artículo, Rahola describe así el proyecto de Gaudí:

«Como indicábamos poco ha, Gaudí ha imitado de preferencia en su arquitectura las formas que ofrece la naturaleza. Y ha sorprendido en la paciente y continuada labor de la tierra, una línea, la hipérbole, que es la que domina también en las construcciones primitivas de los pueblos y en la rudimentaria cabaña del montañés. Y enamorado de esa curva, que es el último resultado siempre de las formaciones arquitectónicas naturales, ha sacado de ella maravilloso partido.

»Pocos arcos hay que consientan mayor variedad y más sucesivas gradaciones. El arco románico, dados dos puntos de apoyo, es siempre el mismo, la ojiva tiene también su límite fijo: en cambio, la hipérbole consiente una dilatación indefinida. Teniendo por base idénticas columnas, a partir del arco románico, puede casi afectar la forma de la ojiva y luego dilatarse en progresión ascendente. Es una curva espiritual elevada que tiende a remontarse como la llama.

»Gaudí la ha adoptado como motivo constante de su proyecto. La encontramos vagamente insinuada en el subterráneo, aparece ya completa en ambas puertas de entrada sosteniéndose en el suelo, luego surge apoyada en las columnas, brotando en todas partes, y así, en *crescendo* grandioso, se entrecruza en todas direcciones en la gran cúpula del salón, donde adquiere su álgido desarrollo, para desaparecer por último en las chimeneas de la altura, en rápidas espirales, en fragmentos aéreos, disgregados como las notas sueltas de un motivo dominante en una sinfonía que sirve para su cadencia final.»

Es obvio que Rahola está comparando implícitamente la obra de Gaudí con la obra de Richard Wagner, justamente en lo que ésta tiene de continuidad sintética, de obra total. Unos años después, en 1894, al hilo de la descripción de Rahola, J(osep) F(ranquesa), en el artículo de *La Renaixença* al que ya nos hemos referido, escribía:

«Y digno de mención es que la originalidad del autor haya salido triunfante al supeditarse a aquel pensamiento [de Güell]. El señor Gaudí ha tratado el majestuoso edificio como un gran maestro la orquestación de una ópera. En la extraña fachada, posiblemente ruda, en la que, entre balcones encabalgados y paredes rasas y entre sólidas rejas y ventanas escuetas, la impertinente mirada del ocioso quiere ver una prisión, una fortaleza o un castillo feudal, el arquitecto, en plena posesión de su idea, ha desafiado las befas del público huero ocultándole todo tipo de recursos de aplauso fácil o incluso se ha atrevido a mostrarle el motivo generador de la obra, los dos arcos de entrada, de la forma más adusta, más llana y más prosaica, como dos ojivas deformes, como dos arcadas de puente de diablo, como una doble entrada de túnel. Y, no obstante, este arco es el hallazgo más feliz del artista, es la llave del enigma, el tema capital de la composición. Este arco, que forma parte de la decoración de todas las salas, al pasar al interior, unas veces se alza, se estiliza y se suaviza sobre el pedestal de airosas pilastras, y otras veces se agacha y se encorva allí donde la largura estorbaría, y aquí se bifurca y allá se fracciona, y, dócil se desplaza a voluntad de su creador, se ensancha, se acorta, se eleva, se idealiza. Aquella áspera curva de la entrada, transportada hasta los respaldos de los sitiales, pasa por todas las cámaras y salones del edificio como el motivo de una ópera de Wagner pasa por todos los instrumentos y todas las voces».

La síntesis wagneriana, la obra de arte total, ha sido trasladada por Gaudí a la arquitectura. Ése es otro de los tópicos que acompañarán siempre sus biografías, pero, como vemos, su origen es bien significativo. La fuerza proteica del músico alemán, cuya obra ha sido compuesta bajo la protección de príncipes, brota también en la obra del arquitecto catalán, cuya excentricidad, sublimada por la protección de otro príncipe, se convierte, definitivamente, en genio. ¿Qué si no esa excentricidad podía hacer de Gaudí el arquitecto de un Güell empeñado en un programa de rearistocratización de la sociedad catalana, empeñado en convertirse en el ejemplo de las nuevas elites? La leyenda de la exquisitez de Gaudí tiene, aquí, su conclusión más lógica.

El mito nacional: el arquitecto de Cataluña

Pero Gaudí también es el arquitecto de la Sagrada Familia. La leyenda explica cómo fue elegido después de un sueño —obviamente relacionado con sus ojos azules— del promotor del templo, Josep Maria Bocabella. El hecho es que Gaudí fue involucrándose cada vez más en el proyecto hasta convertirlo en el único objetivo de su vida. Religión y profesión se unían en una obra que muy pronto se cargó de significación. Su creador fue transformándose en el arquitecto sacro por excelencia, el último de los grandes constructores de catedrales. En palabras de Josep F. Ràfols:

«El arquitecto Gaudí se manifiesta ante nosotros como el retorno más alto, en el siglo de la emoción efímera, al espíritu de la perfecta unción que, de una manera que no es precisamente la nuestra (como diría Maritain), sobresalió en la Edad Media. El templo de la Sagrada Familia es un cántico de expiación ordenado en medio de los locos clichés de las diversiones para huir del dolor imprescindible desde el pecado de Adán.»

El templo es la plasmación sublime de todos los conocimientos humanos y divinos, parecido al gran poema teológico medieval *La divina comedia:* Gaudí es el «Dante de la arquitectura», tal como afirmó el nuncio del papa, el cardenal Ragonesi. La imagen tuvo éxito y Joaquim Ruyra la hizo suya al describir la «impresión poemática» que emanaba de las explicaciones que el arquitecto le había dado del templo: «Por su riqueza imaginativa, por su rigurosa ceñidura a las reglas matemáticas y estéticas del arte arquitectónico y por su simbolismo plenamente documentado, me producía el mismo formidable efecto

que *La divina comedia* de Alighieri.» Así, el templo recupera la pureza de su origen, la función sagrada: las fuentes de inspiración de su creador son los libros litúrgicos, porque, al fin y al cabo, como afirmaría mosen Josep Tarré en la ponencia *L'Art i la Litúrgia*, presentada en el Primer Congrés d'Art Cristià de Catalunya (1913), «la liturgia presenta las verdades revestidas de interés dramático y belleza de expresión, y comunica la ciencia del simbolismo, que es indispensable a todo artista religioso.»

De esta manera, la Iglesia, a través de su presencia pública significada por el templo, mejor, por la catedral, como núcleo simbólico de unidad de la ciudadanía alrededor del cristianismo, pretendía volver a convertirse, como en la Edad Media, en el eje ordenador de la vida colectiva. El arte debía ponerse al servicio de este objetivo, «como aglutinante de los hombres y para contribuir a la elevación popular y a la edificación social», según afirmaba Josep Torras i Bages, obispo de Vic, que tanta influencia tuvo sobre los núcleos artísticos e intelectuales catalanes del cambio de siglo; Gaudí entre ellos. El obispo, hablando desde la sede ausense del abad Oliva, el mítico fundador de la iglesia catalana medieval (basta con recordar la función que Jacint Verdaguer le atribuía en su poema *Canigó*), afirmaba: «Por eso mi venerable antecesor el obispo – abad Oliva, en la hora en que germinaba el pueblo catalán, edifica la basílica ripollesa de Santa María, y acompañándola aparecen, como grandes expansiones del pueblo, catedrales, monasterios y otros monumentos románicos. Son su fe de bautismo. Documentos de piedra en los que consta el espíritu indígena y que caracterizan la forma de sentir del pueblo; la belleza que se manifiesta como ingrediente, como aglutinante social.»

Ésta es la filosofía que explica que, alrededor del cambio de siglo, las vías de intervención de la Iglesia en el mundo cultural se consoliden a través de dos entidades: el Cercle Artístic de Sant Lluc y la Lliga Espiritual de la Mare de Déu de Montserrat. La primera reunía artistas católicos que intentaban recuperar el sentido religioso de la creación artística. La segunda a políticos, escritores, artistas y burgueses con el objetivo de «aglutinar» la sociedad catalana tras un ideal religioso y patriótico simbolizado por la Virgen de Montserrat. Antoni Gaudí, en 1899, se hizo socio de ambas entidades. La imagen más bien huraña y solitaria que de él nos ha llegado contrasta con esta iniciativa, que parece responder a la voluntad de hacer pública y explícita la decisión de incorporarse a un proyecto colectivo. De hecho, estas dos entidades representaban en la vida cultural y artística del cambio de siglo unas posiciones ideológicas inequívocas que podríamos resumir en el programa de la Lliga Espiritual de la Mare de Déu de Montserrat: «Pedirle a

Dios, por mediación de Nuestra Señora de Montserrat, la total reconstrucción espiritual y temporal del Pueblo Catalán.» Hacer, pues, del cristianismo, la vía aglutinadora de la sociedad catalana emergente del catalanismo (de un determinado catalanismo, claro, el conservador). Esto convierte a la entidad en algo mucho más trascendente que una simple organización piadosa.

De las dos entidades es, sin duda, la Lliga Espiritual la que más importancia tiene para él. Al margen de la significación que pueda tener su participación en las actividades religiosas que se realizan, se convierte en un auténtico espacio social que enmarca sus actividades profesionales y les da sentido. Entre los miembros fundadores y asociados, encontramos buena parte de sus amigos, colaboradores o clientes, muchos de los cuales ocupan cargos: desde los hermanos Figueres a Joan Rubió y Bellver, vocal y secretario de la primera Junta; también dirigentes políticos del catalanismo, como Enric Prat de la Riba y Puig i Cadafalch; o clérigos eruditos como Norbert Font i Sagué, joyeros como Artur Masriera y escritores como Joan Maragall. Un conjunto de nombres prestigiosos que tienen una gran importancia en la vida de Gaudí. Además, la entidad había atraído a un grupo de universitarios jóvenes. Entre ellos, encabezándolos, el poeta Josep Carner y buena parte de los afiliados a la Acadèmia Catalanista de la Congregació Mariana, como Jaume Bofill i Mates, Emili Vallès y Rafael Masó i Valentí. Se debe remarcar esta amplitud ideológica y generacional de la entidad: para Gaudí, además de la importancia político-religiosa y, por ende, ideológica, representa un cuerpo social coherente, un público tangible o, si se quiere, un mercado con todas sus implicaciones; para él y, en general, para los artistas católicos del Cercle Artístic de Sant Lluc. Las acusaciones de mercantilismo que algunos escritores modernistas les habían dirigido, parecen ahora confirmarse: la Iglesia mediatiza el mercado artístico catalán, directa o indirectamente. En este sentido el caso de Gaudí es paradigmático: sus clientes, en los primeros años del siglo, forman parte de los círculos católicos, y muchos de ellos son miembros de la Lliga Espiritual de la Mare de Déu de Montserrat. A modo de anécdota, habría que recordar aquel chascarrillo de Apel·les Mestres sobre Gaudí:

«Gaudí, el autor de esta arquitectura (?) no sé si de loco o de sediento de originalidad, amenaza siempre con no hacer más construcciones civiles para consagrarse exclusivamente a la arquitectura religiosa. Así se lo ha ordenado —según dice— la Virgen.

»De este modo, cuando un propietario tiene la mala idea de encargarle los planos de la casa que quiere hacerse, Gaudí empieza por rehusar, después parece dejarse enternecer, y acaba por decir que debe consultarlo con la Virgen. Si ella le concede permiso...

»Desgraciadamente para el buen nombre de la arquitectura catalana, la Virgen siempre se lo concede.»

Pero la presencia de Gaudí entre los miembros de la Lliga Espiritual, tiene, todavía, otra función que podríamos denominar de «imagen»: les da la oportunidad de presentarse, ellos, los enemigos del Modernisme, como los auténticos «modernos». Basta con repasar el boletín de la entidad, la revista *Montserrat,* para percatarse. Y para percatarse, también, de que Gaudí no es un caso aislado, sino que forma parte de un gran engranaje, en buena parte dirigido por el joven Carner: las reticencias ante las formas artísticas más innovadoras irán superándose a medida que vayan constatando que la modernidad puede ser un valor de cambio que garantice la penetración social. Es, en este sentido, la solución que la revista dio al problema de conciencia planteado por el báculo de Josep Llimona —inequívocamente, de formas «modernistas»— que el Cercle Artístic de Sant Lluc regaló al obispo Torras: teniendo en cuenta que, partiendo de las ideas de éste, *«lo modernisme* es la exageración herética, y por lo tanto deforme y contrahecha, del espíritu cristiano que rebrota y se manifiesta en todos los tiempos», debía llegarse a la conclusión de que un artista católico no podía sino hacer «arte sin apelativos», aunque «sus formas [las del báculo] amasadas, sus suaves modelaciones, su atrevida forma, la libertad en su concepción» puedan hacer pensar que se trata de arte «modernista». A la postre, se le da la vuelta al argumento: «Lo que sucede es que el arte modernista exagera las cualidades que posee el arte cristiano actual.»

Las reticencias también llegan hasta Gaudí, pero se salvan de la misma manera: si el arte tiene una inscripción cristiana, no es modernista. Pero no nos engañemos: esta idea implica la voluntad de apropiarse de determinados aspectos del Modernisme, los más externos, aquellos que ideológicamente resultan asimilables por una burguesía que ha ido encontrando en la Iglesia su puntal. Gaudí, que reúne nada más ni nada menos que aquella «exageración de formas verdaderamente áspera y estrambótica», devendrá el artista cristiano por excelencia. Aún más: dará patente de modernidad a las actitudes conservadoras de sus mentores. De este modo, cuando la Lliga Espiritual decide responsabilizarse de la construcción de uno de los Misteris del Rosari de Montserrat, declara con orgullo en su boletín que el proyecto le ha sido encargado al «genial arquitecto catalán Sr. Antoni

Gaudí». El epíteto «genial» da cuenta de un camino que a Gaudí no le viene mal: le individualiza, le separa del movimiento y, al mismo tiempo, le integra en una «excepción» dentro del orden, del «nuevo orden» social que la Lliga Regionalista y otros sectores intelectuales confesionales pretenden encauzar. Gaudí será el genio, pero también el ejemplo. Un ejemplo de innovación artística, pero también de tradicionalismo, de religiosidad y de catalanidad. Como este monumento, el Primer Misteri de Glòria del Rosari de Montserrat, que es un monumento a «toda resurrección individual y social.»

Con la restauración de la catedral de Mallorca, Gaudí realiza una obra parecida a la que había hecho en Cataluña el obispo Morgades con la restauración de Poblet: dotar a Mallorca de símbolos religiosos colectivos. Es el mismo espíritu fundacional que inspira a Torras i Bages. Y que inspira al obispo Pere Joan Campins al elegir el arquitecto de la Sagrada Familia. Obispo y arquitecto no pretenden más que «restaurar», es decir, devolver la catedral a su función primigenia. Por esto son visionarios, respetuosos con la esencia del edificio. Tal como, defendiéndolos, afirmaba Miquel Ferrà:

«La Providencia quiso que fuese un hombre clarividente y dotado de un noble sentido artístico, el que se decidiese a iniciar las obras (...). Fue llamado a estudiar el proyecto y a dirigir la obra, el arquitecto que hoy ostenta en tierras de España una significación más alta por su maravillosa potencia de originalidad, aunque también el más discutido y desconcertante de los innovadores. Hay que decir que todo el mundo vio con temor y sobresalto cómo entraba, en calidad de restaurador, en aquel edificio ojival en el que todo es simplicidad de alineaciones purísimas, el fantástico creador de la Sagrada Familia. Pero, el magnífico templo le reveló a Gaudí secretos de armonía tan altos y sencillos, y tan insospechados por todos, que aquellos a quienes no cegó el perjuicio quedaron deslumbrados ante el admirable prodigio.»

Llorenç Riber recuerda las conversaciones o, quizás mejor, el proselitismo catalanista de Gaudí:

«Yo comprendía, con una inmensa suerte, lo que él decía, de lo que más le apasionaba, gesticulante y transfigurado; y con *La Veu de Catalunya,* que acababa de recibir por correo, en mano. Esta misma pasión también me contagiaba a mí.»

Este Gaudí de principios de siglo, incorporado de lleno a un ideal que unía política y religión, encontró en los poetas Joan Maragall y Josep Carner dos personajes que construyeron su mito, el primero, elevándolo a los espacios del absoluto; el segundo, humanizándolo, socializándolo. En ambos casos, la imagen fundacional de la Sagrada Familia como una nueva catedral de una nueva Ciudad, en mayúsculas, la del futuro, que deberá surgir del movimiento político-cultural que se ha puesto en marcha, juega un papel fundamental. O, por parte del Maragall, posterior a la Setmana Tràgica, con toda la carga de franciscanismo y pietismo como fundamentos sobre los que se debían edificar los pilares de una nueva convivencia.

En efecto, Joan Maragall, en una fecha tan temprana como 1900, presentó el templo de la Sagrada Familia, desde el *Diario de Barcelona,* como una especie de milagro («va alzándose por sí solo, como árbol que crece con lenta majestad») aparecido en medio de un entorno humano al que da un impulso definitivo de ascensión («desarrollándose como una fuerza natural incontrastable, absorbiendo elementos, trabajos, obstáculos, ensueños y realizaciones individuales, arrastrándolo todo confundido en la sencilla enormidad de su impulso hacia lo alto»). Esconde, todavía, el secreto de su alzada y proporciones, tampoco tiene techumbre, pero ya es «portal», es decir, invitación a los hombres:

«Ese portal es algo maravilloso. No es arquitectura: es poesía de la arquitectura. No parece construcción de hombres. Parece la tierra, las peñas, esforzándose en perder su inercia y empezando a significar, a esbozar imágenes, figuras y símbolos del cielo y de la tierra en una especie de balbuceo pétreo.»

Dos elementos juegan un papel importante en la presentación de Maragall: el entorno popular, obrero, y el reto que la construcción del templo representa como ideal de espiritualización:

«¡El templo que no concluye, que está en formación perenne, que nunca acaba de cerrar su techo al cielo azul, ni paredes a los vientos, ni sus puertas al azar de los pasos de los hombres, ni sus ecos a los rumores de la ciudad y al canto de las aves! ¡El templo que aguarda constantemente sus altares, anhelando siempre fervientemente la presencia de Dios en ellos, levantándose siempre hacia él sin alcanzar nunca su infinita alteza, pero sin perder tampoco ni un momento la amorosa esperanza! ¡Qué hermoso símbolo para írselo transmitiendo unos a otros los siglos!»

Ese mismo año Maragall había publicado un libro de poemas, *Visions i cants,* en el que había llevado al extremo el sentido patriótico que el romanticismo había dado a las leyendas de la tierra. Las «visiones» del conde Arnau, Joan Garí, el mal cazador, etc. parten de la miscelánea romántica de historia y leyenda, se sitúan en un espacio temporal indefinido (como el del templo) y traducen en arte, un arte cohesivo, la vida subliminal del pueblo. He aquí cómo Maragall define la «montaña milagro» en su artículo «Montserrat»:

«Ved la montaña en nueva visión, que ahora se me figura definitiva; no es una montaña que se esfuerce en hacerse templo, sino como una gran ruina de templo enorme que la naturaleza recubre y viste con su perpetuo renuevo. Toda la cúpula se ha hundido y allá quedan las columnas aturdidas alzando sus mil brazos, que ya nada tienen que sostener, hacia la bóveda azul del cielo que no pueden alcanzar (...). Y esto, pensadlo bien, es nuestro, es el símbolo a que se ha dado nuestra alma, es el milagro de Cataluña, Montserrat.»

Templo y montaña, pues, se identifican y la ruina no evoca lo efímero sino la abolición del templo, inmortalizado con la tierra con la que se confunde. Tierra y templo son, al llevar al extremo el mito romántico de identificación de los pueblos medievales con su catedral como construcción colectiva, una misma cosa. La expresión más plena del «renacimiento» moderno de Cataluña aparece, de este modo, ligada a una nueva identidad, la de la Sagrada Familia:

«Cuando el sentimiento de la personalidad catalana inicia su expansión material, del oscuro fondo de la población antigua surge un hombre pequeño con una idea grande: hacer una catedral nueva (...), la ciudad aún está lejos y no sabe nada; pasan años (...) y en el momento en que la semilla germinada levanta el terrón y la planta va a aparecer a flor de tierra para alzarse a la luz, surge, como enviado de Dios, otro hombre, un visionario con la visión de *aquello.*»

Es, por lo tanto, con la aparición de Gaudí, el artista visionario que interpreta el aún inconsciente sentido del pueblo, cuando el templo adquiere carácter de obra colectiva:

«El templo de la Sagrada Familia es el monumento de la identidad catalana en Barcelona, es el símbolo de la piedad eternamente ascendente, es la construcción pétrea del anhelo hacia lo alto, es la imagen del alma popular.»

Su construcción, por tanto, se carga de sentido simbólico y, por ello, Maragall reclama la adhesión personal a la identidad que el templo representa, una idealidad que se sitúa por encima de las necesidades materiales. No se debe olvidar, ya que se encuentra en la base de la construcción mítica de la Sagrada Familia, que Maragall está exigiendo las aportaciones económicas ciudadanas que han de hacer posible su construcción. El artículo «¡Una gràcia de caritat!...», continúa con un argumento aristocratizante que pone el arte por encima de la vida:

«Hubo un tiempo en que todo buen burgués de Barcelona, al disponer de sus bienes en testamento, creíase obligado a ordenar un legado en favor del Hospital de la Santa Cruz. El hospital era de fundación particular, como lo es ahora el templo, y por esto cada ciudadano lo sentía como algo suyo, porque dentro de sí sentía toda la ciudad; y es que aquella ciudad antigua tenía sus ciudadanos, y la ciudad nueva todavía no los tiene que sientan la nueva y gran ciudadanía: aquéllos sentían la piadosa utilidad del hospital general, y éstos, ¿no sienten la utilidad del templo? Pues yo les digo que el templo es más útil que un hospital, y más que un asilo y más que un convento; porque en la acción de levantarlo hay la virtud que hace todos los hospitales, y todos los asilos y todos los conventos, y les digo que el templo es tan urgente como socorrer la mayor necesidad material. Suponed que en la clásica Atenas mucha gente vivió y murió muy pobremente, y os dolerá; pero suponed que no llegó a construirse el Partenón, y no sabréis lo que os pasa. ¿Qué hacía más falta al pueblo griego? ¿Qué hacía más falta al espíritu humano?»

Todavía más: Maragall, en 1906, insistía en el sentido redentor del templo que nacía precisamente de esta simbiosis entre ruina y construcción:

«Y el templo se me apareció, como siempre, como a tantos, como una gran ruina (...) sabiendo que aquella ruina es un nacimiento, me redime de la tristeza de todas las ruinas; y ya desde que conozco esta construcción que parece una destrucción, todas las destrucciones pueden parecerme construcciones.»

Este sentido tiene todavía una nueva fase en el último artículo que Maragall dedicó al templo: «Fuera del tiempo» (1907), en el que implica personalmente la fuerza transformadora del arquitecto en una construcción colectiva que sólo ellos, visionarios, sueñan, más allá del tiempo porque «entre la visión y nosotros, se sentía toda la gravedad de la muerte». Y es este sueño de futuro, más que su realización, aquello que significa. Este último artículo precede la presencia de la Sagrada Familia en la *Oda nova a Barcelona,* como núcleo de la nueva espiritualidad que Maragall contrapone a la insolidaridad de la Setmana Tràgica y de la posterior venganza antiobrera.

Las relaciones entre Maragall y Gaudí son estrechas pero no carentes de tensiones. Gaudí roza siempre la exacerbación y la violencia, se sitúa en el centro de un dualismo cósmico de imposible conciliación, mientras que Maragall prefiere buscar la armonía. Éste, en una carta a Josep Pijoan, deja muy claras las divergencias. Escribe:

«Uno de estos días, Gaudí me invitó a ir a visitar el Parque Güell. Es muy interesante el modo en que este hombre pone el alma en todo lo que hace. Hablamos mucho y logró introducirme en su idea de decoración meridional. Pero después, profundizando más y más, llegamos a un punto en que de ninguna manera pudimos entendernos. Él, en su trabajo, en la lucha, en la materia para formar la idea, ve la ley del *castigo,* y se deleita. No pude disimular mi repugnancia por semejante sentido negativo de la vida, y discutimos un poco, muy poco, porque enseguida vi que no podríamos entendernos. ¡Yo que me creía tan hondamente católico! Comprendí que la tradición católica dogmática la representaba él, que él estaba en la ortodoxia, que yo a su lado era un aficionado plagado de heterodoxias. ¿Y después, qué? Si al trabajo, al dolor, a la lucha humana les queremos llamar castigo, es cuestión de palabras. Pero, ¿no es cierto que el sentido de esta palabra parece enturbiar la vida humana en su misma fuente?»

Pijoan, años más tarde, coincidía con él: «Gaudí es violento en su genialidad.» Son, ciertamente, piezas que ayudan a configurar esta dimensión mítica del personaje (además de las implicaciones ideológicas que indudablemente tienen), pero que contrastan con el tratamiento que hizo Josep Carner, tratamiento que, aun recogiendo buena parte de los ingredientes de la construcción mítica

maragalliana, sirven fundamentalmente a otro objetivo: socializarlo, incorporarlo no a un universo mítico absoluto sino al marco más preciso de una política cultural.

Es probable que Carner y Gaudí se conocieran como miembros de la Lliga Espiritual; por lo menos coincidieron en Mallorca, donde uno y otro ejercían una gran influencia. Lo que tenían en común era la actitud confesional, cristiana, que Carner no dudaba en exponer de forma programática desde la revista *Catalunya,* al incluir al arquitecto —haciéndose portavoz de un amplio sector de las juventudes intelectuales del momento— entre los modelos que se debían imitar:

«Admiramos la alta serenidad del alma de Ruyra, sentada sobre el más puro fundamento cristiano, y consideramos qué maravillosa trinidad, una en su raíz, forman estos tres hombres eminentes, Torras i Bages, Gaudí y Ruyra.»

La misma revista, *Catalunya,* que dirigía Carner, recogía poco después los discursos artísticos de Torras i Bages en un número extraordinario con la explícita voluntad de acatar el maestrazgo. Gaudí, pues, era una pieza, la más estridente en cuanto a modernidad, del sector católico. Es a Carner a quien se atribuyen estos versos que Joan Lluís Marfany ha recogido de la tradición oral:

Si gaudiu del modernisme
no us quedeu a mig camí:
arribeu al paroxisme
de gaudir-lo amb en Gaudí.

«Si disfrutáis del modernismo,/no os quedéis a medio camino://llegad al paroxismo/de gozarlo con Gaudí.»

Pero Carner no nos da nunca la imagen del Gaudí genial, arrebatado, sino la del Gaudí portador de la serenidad clásica, mediterránea; del artista que capta la esencia bonhómica de la realidad y nos la ordena con la luz de la idealidad. Es curioso observar cómo muchas de las imágenes que Carner utiliza para definir la poesía son idénticas a las que aplica a Gaudí. Al fin y al cabo, el mito de Orfeo («el sonido de la lira de Orfeo, fundador de ciudades»), recurrente en el pensamiento estético de Torras i Bages, une poesía y arquitectura:

«Y la poesía, habiendo sido el único motivo de que piedras se pusieran sobre piedras, y solares y muros fuesen construidos, no abandona jamás la obra de su creación, conserva siempre la natural esencia, purifica y ensalza los compuestos, y alcanza cada vez más nobles ideales guiando el alma popular en una ascensión indefinida de la luz.»

He aquí, de manera precisa, la participación de Carner en la idea fundacional de la ciudad: «¡Oh ciudad! Sobre ti está la inmensidad del cielo que tú has de conquistar con la riqueza ascensional de tu identidad.» Por esto, Carner, al defender la construcción de un teatro público, ya que es una función sacra la que el edificio deberá representar, propone que el arquitecto que lo construya sea Gaudí, «porque es nuestro arquitecto religioso por antonomasia». Posiblemente esta imagen del arquitecto visionario, alígero, profético, no queda tan bien reflejada en ningún otro sitio como en el soneto «En Gaudí», del *Primer llibre de sonets* (1905):

Oh el sol, i com li posa la cara falaguera!
com penetra en sos ulls la delícia del blau!
Sos llavis són afables, i per la barba suau
ell té l'argent finíssim i august de l'olivera.

Del goig de tant crear sa veu és riolera.
Damunt d'una boirada qui pal·lideix i cau
ell ha evocat la joia de la claror primera
i ha alçat la pols daurada que en tota cosa jau.

És un cim, dominant les estèrils planures,
on ja arriba la llum de les glòries futures;
ell és una magnífica senyal de promissió.

I son braç, per damunt de les gents catalanes,
enlaira immensament les portes sobiranes
de la vida, la mort i la resurrecció.

(«¡Oh el sol, y cómo le pone la cara halagüeña!,
¡cómo penetra en sus ojos la delicia del azul!
Sus labios son afables, y por la barba suave
él tiene la plata finísima y augusta del olivo.

»Del gozo de tanto crear su voz es risueña.
Sobre una bruma que palidece y cae
él ha evocado la alegría de la claridad primera
y ha alzado el polvo dorado que en todo yace.

»Es una cima dominando las estériles llanuras,
donde ya llega la luz de las glorias futuras;
él es una magnífica señal de promisión.

»Y su brazo, por encima de las gentes catalanas,
eleva inmensamente las puertas soberanas
de la vida, la muerte y la resurrección.»)

Parece como si esta intensa unión de la obra del arquitecto con el sentido de la creación poética, necesitase todavía de otra perspectiva: la de la construcción arquitectónica como ejemplo de la creación poética. Y Carner no se priva de recogerlo de boca de Gaudí:

«Me acuerdo de la bella imagen que un día evocó Gaudí en una de sus conversaciones, aquellas conversaciones sobre las que parecía juguetear el aura soleada que movía los platanales de la Academia griega. Cuando edificamos una casa —decía Gaudí— todo se agita a nuestro alrededor en un transporte continuo de alegría. He aquí al picapedrero trabajando la piedra; allá un carpintero sierra la olorosa madera; circulan los peones de mano, un albañil grita desde lo alto de un muro que crece como por milagro, a su lado alguien canta; ¡el sol entra por todas partes! No obstante, tal como la casa se acaba; unos individuos, llegados cuando ya había cesado todo bullicio y toda alegría, se encierran entre unas paredes que ignoran la creación poemática; han llegado el orden y la paz, pero también el silencio y la monotonía. Nosotros los poetas somos los constructores de los pueblos, y hoy que tanto trabajo tenemos todavía por delante en el proyectado casal de la civilización catalana, no sentimos —al mesurar todo lo que todavía nos falta, al ver estos agujeros por los que entra el sol—, una impresión de desaliento y pesimismo, sino un ansia de creación que es dichosa porque ha de ser fecunda.»

Pero Carner todavía hizo más por Gaudí: aparte de los artículos que dedicó a su obra, convirtió a éste en un personaje de su mundo literario, elemento referencial de sus escritos. Entre éstos, hay que destacar especialmente «Sa cadireta de Madó Tonina», una preciosa anécdota narrada en dialecto mallorquín en las páginas de *La Veu de Catalunya,* que posteriormente refundió en un cuento, «La cadireta», incluido en *La creació d'Eva i altres contes* (1923). La anécdota es muy simple: trata de una viejecita que cada día acudía a la catedral a rezar por sus muertos, cosa que se convirtió en un hábito hasta que...

«Un día Madó Tonina vio un gran alboroto dentro de la catedral. Se giró hacia el coro con su sillita, y vio que habían entrado unos hombres con cuerdas y maderas. Sucedía que un arquitecto de Barcelona había llegado para armar la marimorena en la catedral, tan grande y hermosa, con aquella claridad que se derrama por todos sus rincones.

»—¡Oh, María Santisimita! Buen Jesusito de mi corazón —dijo Madó Tonina—. ¿Qué harán estos hombres de sus maderazas y sus cordazas?

»Y una viejecita que estaba junto a Madó Tonina, le dijo:

»—¡Sacar el coro de la catedral!

»Madó Tonina se quedó helada. ¡Quitar aquel coro tan grande, que ella veía cada día, que tenía siempre a su lado!

»Madó Tonina se sintió inmediatamente perdida.

»—¡Buen Jesús, Buen Jesús, Buen Jesús! —exclamó—. ¿Ahora dónde pondré yo mi sillita?»

Para Carner, los antigaudinianos que se oponen a la reforma de la catedral son los «de la sillita de Madó Tonina», aquellos que no ven más allá de sus estrictos intereses personales. Así los llama en «La ciutat sense ara», prosa de *Les planetes del verdum* (1919), donde recoge nuevamente unas palabras de Gaudí, en este caso de elogio a la belleza del tranvía (paradójicamente el vehículo que le atropelló). Es así como cobra sentido el «Auca d'una resposta del senyor Gaudí», que el poeta recogió en *Auques i ventalls* (1914): con humor, convierte al arquitecto en una pieza más del paisaje urbano partiendo de una anécdota que se atribuye a Isabel Güell, hija del conde de Güell, y jugando con la fama de Gaudí para resolver con grandes cavilaciones los pequeños problemas domésticos. Sabido es que Eugeni D'Ors también invocaba irónicamente a Gaudí, desde el *Glossari,* por una cuestión de esta índole: cómo resolver la exhibición de las palmas del Domingo de Ramos en los balcones barceloneses. En relación con las aleluyas carnerianas, se cuenta que Gaudí se encontró con Carner en un tranvía y le pagó el billete. Ante las protestas de éste, Gaudí alegó: «Cuesta cinco céntimos, es el precio de lás aleluyas.» Helas aquí:

ALELUYAS DE UNA RESPUESTA DEL SEÑOR GAUDI
A Carlota Campins

Tothom n'ha sentides dir *d'aquest gran senyor Gaudí*	Todo el mundo ha oído decir cosas del señor Gaudí
que cada hora —¡no s'hi val!— *fa una cosa genial*	que a cada paso —¡no es normal!— hace algo genial.
i no deixa viure en pau *l'home savi ni el babau.*	Y no deja vivir en paz ni al hombre sabio ni al tonto.
Ell alçava amb ferro vell *l'alta gàbia d'En Güell.*	Alzó como un revoltijo al señor Güell un amasijo.
Arma un temple a Sant Martí *que mai més no tindrà fi.*	Hace un templo en San Martín al que nunca pondrá fin.
Ningú diu de can Calvet *que no fa calor ni fred.*	A Calvet le hizo una casa que a nadie deja indiferente.
En un Parc posa En Gaudí *l'Orient a estil d'ací.*	Para un parque trajo aquí el Oriente el gran Gaudí.
La gran Seu dels mallorquins, *l'esbotzà de part de dins.*	De Mallorca la gran Seo la hizo explotar por dentro.
Amb la casa d'En Batlló *burxa el neci espectador,*	Con la casa Batlló chincha al necio espectador,
i amb la casa d'En Milà *es pot dir que el va aixafar.*	y lo acaba de chinchar con la casa de Milà.
Ara ha fet una maqueta *d'una església «maqueta».*	Ahora ha hecho una maqueta de una iglesia muy «coqueta».
Es el temple i cada altar *tot de fil d'empalomar.*	Todo el templo y cada altar está hecho de hilo de esparto.
Però l'èxit d'En Gaudí *ve d'allò del violí.*	Mas la fama de Gaudí viene de lo del violín.
Per cinc cèntims ho sabreu *(de les auques és el preu).*	Quien lo quiera averiguar estos versos comprará.
Dona O Comes i Abril *va guarnir un saló d'estil.*	Doña O Comes i Abril decoró un salón de estilo.
L'estil era…no ho sé pas. *Un Lluís que no va al cas.*	El estilo era… no sé el de algún rey Luis francés.
Ella té un oncle segon *que ha rodat per tot el món.*	Ella tiene un tío segundo que viaja por todo el mundo.
Un matí que era al Midi, *se li ocorre de venir.*	Pero estando en el Midi, ocurriósele venir.
Mes s'atura: —A la neboda *del encar present de boda.*	Mas le debe todavía un regalo a su sobrina.
Què li duc, què no li duc…, *convindrà que hi tingui lluc.—*	Por la boda, qué presente, le llevo que sea aparente.
Vol quelcom de la faramalla, *i de sobte deia: —Calla!*	Algo quiere de prestancia, y de pronto dice: «¡Calla!»
De petita l'he sentit *fent escales dia i nit,*	Siendo niña la escuchaba noche y día haciendo escalas,

que eren, ai, per «desiguales»,
la terror de les escales.

que eran, ay, ¡qué desatino!
el terror de los vecinos.

Un piano li daré;
tant se val, que quedi bé. –

Un piano le mandaré;
tanto da, bien quedaré.

I ja posa un telegrama:
–Cua Erard per una dama. –

Y va y pone un telegrama:
«Cola Erard para una dama.»

Ell arriba (per Cerbère)
i el piano ja l'espera.

Llega él a la frontera
donde el piano le espera.

Envers la senyora Comes
el duu un «pessetero» amb
                    [gomes,
i mant camàlic que sua
puja el piano de cua.

Hasta la señora Comes
le paga a un tipo los portes,

quien suda la gota gorda
mas sube el piano de cola.

Per sorprendre-la, era un dia
que la senyora tenia,

Para sorprenderla, era día
que la señora tenía,

alleujant la conciència,
«cine» de beneficència.

en descargo de conciencia,
«cine» de beneficencia.

Porten, amb emoció,
el gran fòtil al saló.

Llevan con gran emoción
el gran bártulo al salón.

La neboda va arribar:
–Oncle! –Noia! (Allò que es
                    [fa.)
En mirar el present novell
dona O no cap en pell.

Llegó luego la sobrina:
«¡Tío! ¡Niña!» (La rutina.)

Al ver el piano ante sí
ella sufre un frenesí.

Però fa un veí subtil:
–El piano no és d'estil!

Mas dice un vecino listo:
«¡Este piano no es de estilo!»

–¿Com ho fem? ¡I el vull lluir!
Ja veuràs, crido en Gaudí. –

«¿Qué hacer? ¡Lo quiero lucir!
No sufras, llamo a Gaudí.»

Ell, molt fi, ve de seguida.
–¿Què volia, si és servida?

Éste llega hecho un primor
«¿Qué desea, por favor?»

–Ja coneix –diu ella humil–
que el saló tot és d'estil.

«Ya ve —dice ella flojito—
que el salón todo es de estilo.»

Sense fer cap dany a l'art,
¿on posem aquest Erard? –

Sin causar al arte daño,
¿Dónde poner este piano?

En Gaudí mira el saló
amb aquella atenció.

Observa Gaudí el salón
con muchísima atención.

Ressegueix tots els indrets
i mesura les parets.

Analiza los rincones
mide muros y balcones.

D'un brocat alça les gires
i separa cinc cadires.

De un tapiz alza la esquina
y separa cinco sillas.

I aleshores, somrient,
va movent el cap d'argent.

Sonriente va y menea
la plateada cabellera.

La senyora, esperançada,
va saber-li l'empescada.

La señora esperanzada
saber quiere qué le aguarda.

–¡Tanmateix, senyor Gaudí!
Digui, digui, ja pot dir. –

«¡Venga va, señor Gaudí!
O habla o me puedo morir.»

Don Antoni, amb la mà [dreta,
es rascava la barbeta.

Don Antonio, de una pieza,
se rascaba la cabeza.

–¿És vostè –diu molt atent–
qui es dedica a l'instrument? –

«¿Es usted —dice correcto—
quien tocará el instrumento?»

La senyora li explica:
–Oh, veurà. Toco una mica. –

La señora se lo explica: «Oh,
verá. Toco un poquito.»

I va dir el senyor Gaudí:
–Miri, toqui el violí.

Y dijo el gran Gaudí: «Mire
usted, toque el violín.»

Carner realizó un juego similar con Joaquim Ruyra y Miquel Costa i Llobera (aunque sin la ironía a que daban pie las genialidades gaudinianas), con la intención de promover unas actitudes culturales y unos modelos artísticos y literarios alternativos a los que predominaban en los años del cambio de siglo. La concreción de este proyecto es el movimiento que se consolida, a partir de 1906, con el nombre de Noucentisme. Podemos, pues, plantearnos una cuestión que también podría aludir al poeta Costa i Llobera y al narrador Ruyra: ¿fue Gaudí un «noucentista»? La pregunta nos sobrepasaría, especialmente si intentásemos precisar qué quiere decir «noucentista». Pero posiblemente baste con percatarse de que la adhesión de Gaudí al catalanismo y al cristianismo no le convierte en un intelectual orgánico, ordenador, con aquel punto técnico que exigía Eugeni D'Ors. Gaudí era otro tipo de artista: el genio excepcional. Y es que, incluso en relación con el resto del mundo artístico, Gaudí fue más allá en la reivindicación de la excepcionalidad.

La Lliga Regionalista potenció de manera partidista los mitos que se habían ido creando en torno a Gaudí y la Sagrada Familia. Poco se preocupó: él iba a la suya y se dejó «utilizar». Era la excepción. Difícilmente podía, por lo tanto, plasmar aquel juego de «utilidad y servicio» inherente a la concepción «noucentista» del intelectual. Además, desde un punto de vista estético, su aceptación no podía ser más que relativa. Eugeni D'Ors, entre otras ironías, escribió la famosa frase:

«A veces, debo confesarlo, no puedo pensar sin terror en el destino de nuestro pueblo, obligado a sostener sobre su pobre normalidad —tan precaria—, el peso, la grandeza y la gloria de estas sublimes anormalidades: la Sagrada Familia, la poesía maragalliana...»

El mito social: El arquitecto de los pobres

Josep Pijoan recordaba en 1929 una frase de mosen Gaietà Soler: [la Sagrada Familia] «siempre ha sido mantenida *por la buena gente que no va a misa*». La idea no era nueva. Ya en 1905 había contrastado las murmuraciones y envidias que Gaudí provocaba en los círculos cultos con la identificación popular:

«En cambio, el pueblo, más joven, más vivo que nosotros, no ha dudado nunca, ha aceptado por su cuenta la realización de la obra sin discutir sus ventajas. Todavía hoy, la obra se alimenta básicamente de los pequeños óbolos de la gente humilde, mientras nosotros, ufanos, la disfrutamos, alegrándonos de su belleza.

»¡Deberíais ver, oh sabios del mundo, cómo el pueblo quiere e incluso protege a aquella catedral que será su obra! Existe respeto por ella en toda nuestra masa popular. Hasta en los grupos más alborotados de obreros de las fábricas, se observan miradas de complacencia hacia ella. Llegan los tranvías de aquel barrio industrial que pasan rozando las paredes del templo, y hombres y mujeres se giran instintivamente, viendo pasar aquellas formas ideales que, alzándose, prometen consoladoras hermosuras.»

¿Respondió la participación de Gaudí en la construcción de la Cooperativa Obrera de Mataró a un encargo sin más implicaciones? ¿O por el contrario, se debió a afinidades ideológicas con el movimiento cooperativista? Tal y como nos ha llegado y se ha utilizado el episodio, hay que remitirlo al espacio del mito gaudiniano, una forma inequívoca de justificar la autenticidad de la actitud social del arquitecto, quien, en palabras de Martinell, sustituyó «la filantropía laicista por la caridad cristiana». La Sagrada Familia fue calificada por Joaquim Mir, en el título de un cuadro expuesto en 1898, de «Catedral de los pobres»: los motivos nos los ha dado Pijoan. Es la catedral que se construye en pleno barrio obrero, lejos de los centros burgueses de la ciudad. Pero también es todo un programa erigido sobre las concepciones franciscanas de renunciación y pobreza, y que a la vez obe-

dece a todo un movimiento programado por la Iglesia con la voluntad de influir sobre los medios obreros. El Cercle Artístic de Sant Lluc hizo constar en sus estatutos su adhesión al proyecto de León XIII de «restablecer las antiguas agremiaciones católicas que tanto fomentan el desarrollo de las artes y contribuyen a afirmar la mutua caridad entre los desgraciados». El programa está presente en la obra de Joan Llimona o Aleix Clapés, este último, decorador del Palacio Güell, y no se debe desligar de la mala conciencia de una burguesía que ha hecho fortuna por medios muy pocos caritativos. No obstante, el pietismo social tenía un límite: Verdaguer, actuando en nombre del marqués de Comillas, lo sobrepasó y tuvo que atenerse a las consecuencias. Gaudí lo fue canalizando a través de la Sagrada Familia, un templo «expiatorio» (a relacionar con las concepciones sobre pecado y redención), que no ponía en peligro la fortuna de nadie.

La obra de Gaudí (incluso diferenciando entre la intencionalidad del arquitecto y la utilización que de ésta se hizo) fue una pieza activa importante en la política social de la Iglesia catalana. Y, posiblemente, el punto neurálgico de esta significación se encuentra en la participación de Gaudí en la Colonia Güell, construida sobre la base del paternalismo social y promovida como ejemplo autóctono de superación de la lucha de clases.

Con motivo de la Setmana Social que se celebró en Barcelona en 1910, la colonia fue mostrada por Torres i Bages como ejemplo de la dignidad del trabajo, plasmación de los tópicos materiales del carácter catalán, armonizados con la espiritualidad (a recordar la simbiosis entre tierra y espiritualidad que, a ojos de Maragall, representaba la Sagrada Familia). Así, en palabras del obispo, «esta institución colectiva de la dignidad del trabajo manual, que produjo el ennoblecimiento de la industria, provenía de la profundidad de la vida cristiana de nuestro pueblo. Vio el idealismo a través de la materia. En el trabajo manual se encuentran los gérmenes del más alto idealismo».

La demostración palpable de estos ideales había sido un caso ejemplar: la solidaridad del capellán, de dos hijos del conde Güell y de diecinueve obreros de la colonia que se habían dado tiras de su propia piel para salvar a un chico accidentado. El hecho, según Ramón Rucabado, demostraba que «cuando el espíritu del trabajo llega a tan alto grado de sublimidad, fácilmente se comprende que la cuestión social en el interior de la colonia está ya aproximadamente resuelta». Aparentemente, por lo tanto, también en la cuestión obrera existe una identificación total del triángulo Güell–Torras i Bages–Gaudí: recordemos aquel dibujo de Opisso que nos muestra a los tres visitando la Sagrada Familia. El burgués, el clérigo y el artista unidos por la significación última del templo, desde la convicción de que el problema social debe resolverse a través de la armonía entre amos y obreros, propiciada por la solución patriarcal, cristiana —y por lo tanto, desde su punto de vista, catalana— del problema. Cuando Gaudí propuso incluir un monumento a Torras i Bages en la fachada de la Passió de la Sagrada Familia, quería —sin duda— honrar un proyecto de articulación de una sociedad, de una ciudad, alrededor de un proyecto fundacional: el obispo representaba unos valores intemporales en torno a los cuales Gaudí había creído posible la articulación de una nueva sociedad, más ajustada a la naturaleza, más armónica y más justa. Con una nueva «piedad», a plasmar en unos ideales de futuro que Maragall reafirmó tras la Setmana Tràgica en su *Oda a Barcelona:*

> *A la part de llevant, místic exemple,*
> *com una flor gegant floreix un temple*
> *meravellat d'haver nascut aquí,*
> *entremig d'una gent tan sorruda i dolenta,*
> *que se'n riu i flastoma i es baralla i s'esventa*
> *contra tot lo humà i lo diví.*
> *Mes, enmig la misèria i la ràbia i fumera,*
> *el temple (tant se val!) s'alça i prospera*
> *esperant uns fidels que han de venir.*

> («En la parte de Levante, místico ejemplo,
> como una flor gigante florece un templo
> maravillado de haber nacido aquí,
> entre una gente tan huraña y mala,
> que se ríe y blasfema y se pelea y se alza
> contra todo lo humano y divino.
> Mas, entre tanta miseria, rabia y humareda,
> el templo (¡que más da!) se alza y prospera
> esperando a unos fieles que han de llegar.»)

Escribía J. F. Ràfols a propósito de su muerte:

> «Gaudí permaneció incomprendido porque esta caridad que enarbolaba su obra también permanece incomprendida por el ateísmo demócrata, permanece incomprendida también por la criminal vanidad. Los pobres de veras visitaron antes que nadie sus despojos, porque eran los únicos dignos de quererlo, de apreciar su vida de renunciación, de amar su Catedral del Sacrificio.»

El mito de la santidad: El arquitecto de Dios

El mito de la santidad de Gaudí también tiene ingredientes muy diversos que, obviamente, mezclan su actitud personal con su función pública. «Todo, todo tiene —escribía Joan Llongueres, "Chiron"— en la vida ejemplar de este hombre, tan amigo de la santidad, tan naturalmente familiarizado con ella, una visible huella divina.» El «santo» es el ejemplo y, por lo tanto, debe presentar una trayectoria vital que culmine con la «santa muerte»: en él ha de acabar por eliminarse la diferenciación entre terrenalidad y espiritualidad. Por esto, el mito del joven Gaudí anticlerical y *dandy* no se contradice con la afirmación de su santidad. Al contrario, la robra. Muchos de los que escriben sobre la ejemplaridad de su vida no pueden sino referirse a ello. Como Jaume Bofill i Mates:

> «Gaudí había sido un correctísimo hombre de mundo. El señor elegante, de sociedad, que muchos días no bajaba del coche para dar instrucciones al pie del Temple Expiatori de la Sagrada Familia, fue poco a poco ganado a la piedad y llevado a una vida austerísima y exclusiva de Oblato del Templo.»

En otras ocasiones, este cambio es atribuido a designios superiores: Gaudí ha sido elegido, entre los arquitectos, para una misión sagrada y, como elegido, es objeto de la violencia divina. De este modo, la Sagrada Familia adquiere una significación superior, se la remite al espacio del absoluto, como respuesta sobrenatural a la historia: si los barceloneses han perseguido sacerdotes y han quemado iglesias y conventos, Dios contesta con una respuesta que se encuentra más allá de la historia. En *L'arquitecte de Déu,* artículo de Manuel Trens, se trastoca el sentido del templo: más que acción de los hombres para elevarse a la divinidad, es acción de Dios entre los hombres. Y con un sentido de la divinidad que concuerda más con las concepciones del Antiguo Testamento que con las evangélicas. Al fin y al cabo, el templo es el espacio absoluto. He aquí el fragmento donde mitifica el templo y la elección divina de su constructor:

> «Alrededor del templo de la Sagrada Familia hay un halo de divinal providencia que antes de ser consagrado ya lo hacía sacro. En un momento como éste, indeciso y deshaumado, levantar una catedral y encontrar un arquitecto proporcionado, encontrar a un tiempo un genio clarividente y decidido, es en verdad una bendición especialísima de Dios para con nosotros, expiación esplendorosa de todos nuestros pecados

realizados contra su Santa Persona y contra los pecados remunerados perpetrados contra su Santa Casa. Con esta nueva iglesia que trae lentitudes divinas, retornamos a aquellos tiempos bíblicos en que Dios mismo, personalmente, daba órdenes a los arquitectos de su templo. Dios ha querido asegurarse de su nueva Casa, y pasando por encima de todo, escogió violentamente a este hombre singular, lo arrancó de la silla de montar cuando se escapaba campo traviesa, lo magulló como a una víctima suya, y lo rebatió en aquel hoyo sagrado de la Sagrada Familia, y lo encerró de celosía entre aquellas cuatro paredes donde ya enseñan el monstruo de la Liturgia y del Arte que liba con sus agallas insaciables el aire del cielo.

»Allí nuestro gran arquitecto, aislado del mundo, único monje de un único monasterio que descantillaba a alazos, ha ido escuchando la voz de Dios, ha ido recibiendo sus órdenes, como de un propietario meticuloso y exigente. Estas órdenes, entre el ruido de dentro y de fuera, a menudo llegaban debilitadas, pero él las amplificaba con la Escritura, con el Misal, con el Pontifical, con el Breviario y con los otros libros oficiales de la Liturgia. Estas órdenes a menudo tardaban en cantar con los relojes de sol, pero él rogaba e importunaba al gran Propietario, y le devoraba, e incluso iba a buscar el repliegue de sus energías tumultuosas por los rincones de las iglesias, en la hora crepuscular y meditativa de las gentes simples y limpias de corazón, a las que él sabía que les había sido prometido ver a Dios.

»De este modo Gaudí, a base de aislarse de los hombres y de los libros de éstos, a base de oración y de comunión fue recargándose de la alta tensión de Dios y no se le podía tocar sin que chisporroteanse, y entre sus dedos candentes se fueron fundiendo todas las formas muertas de estilos pasados, y tuvo que crearse un léxico nuevo aconsonantado con el léxico en cursiva de la gran naturaleza.

»El gran arquitecto no hacía nada sin Dios, porque vio con formidable intuición su misión y su responsabilidad. Sabía qué significaba desafiar él solo y con arma moderna a diez generaciones que edificaron catedrales, luchar contra un alud de piedra, hierro y madera que batallaba por convertir en una ciudad, una ciudad santa en la que cada piedra debía llevar una huella divina: desenmarañar toda esta madeja de la

simbología, de la teología y de la liturgia cristianas que habían de rehenchir aquellas futuras bóvedas bajo las cuales habitaría el mismo Dios, el único señor con el que ha acabado bien.

»El maestro Gaudí, con una fe ciega en Dios y en el genio mediterráneo, emprendió el trabajo con la serenidad y lentitud creativas de las primicias del mundo, conduciéndose con una humildad medieval de la que él únicamente era un intermediario, sin el cual la obra iría desordenándose, un participante de la alegría secreta e inefable de la Virgen que edificó aquel Cuerpo de Cristo; como dice Claudel:

»*"Le père de l'eglise s'émeut et connait un peu de la joie de Notre-Dame!*
»*"Il est donc vrai que Dieu était en moi puisqu'il en sort!"*»

El texto es, sin duda, un modelo de plasmación del mito: trasposición de unos hechos históricos al absoluto atemporal (hasta en el sentido del tiempo en que sitúa la obra gaudiniana: las «lentitudes divinas»), su carácter de electo obligado por Dios, incluso con violencia, a asumir su misión; su carácter de trujamán, intérprete de los dictados divinos, creador de un nuevo lenguaje que, como proviene de Dios, es aconsonantado con el de la naturaleza; y, por encima de todo, si el templo es el cuerpo sagrado, el arquitecto que lo edifica es, también, como un creador de la divinidad, como la Virgen misma.

Su imagen acaba de configurar el mito: la obcecación, el mal genio, son atributos del hombre superior, tocado por la violencia de Dios, y es Dios quien habla por su boca. Así continúa Bofill i Mates:

«Los últimos años le veíamos con las manos dentro de sus mangas, como un fraile, pobre, descuidado, cabizbajo, vegetariano, todo él humilde como un escaramujo armado de espinas y coronado de jazmines. Era menester saberlo santo, casi, para no tomar su humildad por orgullo. El hombre que acabó no trabajando más que para el templo y hacerlo por amor a Dios, se convirtió en mendigo humilde y terrible. No por él, sino por su obra.»

También su carácter violento tiene doble justificación. La revista *La Paraula Cristiana,* en un editorial, lo atribuye a la defensa de su humildad:

«Podíais alabar el gran templo y él os apoyaba, ni la más leve sombra de vanagloria enturbiaba aquel rostro sapientísimamente infantil. Pero intentabais alabar al arquitecto y era un estallido de ira o la punzada de una ironía cruel lo que instantáneamente os helaba la palabra en la boca. Más que un hombre modesto, era un hombre humilde que conocía la mesura humana, acaso sobrehumana, y por eso mismo conocía toda limitación y la procedencia divina. Su visión de las cosas parecía angélica.»

En consecuencia, «si san Francisco hubiese sido arquitecto, se habría parecido mucho a Gaudí». Pero además, la ira es un don de Dios, y Gaudí que se identificaba con el templo, asume también las características de las cosas sagradas: *«Terribilis est locus iste»*, se afirma en el ceremonial de consagración de los templos. Como éstos, el hombre consagrado al templo también es sacro, también es terrible, nexo entre lo contingente y lo absoluto. Sigue Bofill:

«Era, como suelen ser los genios, hombre de frontera. Vivía en estado de guerra, en el linde de la humanidad con el misterio, y era duro en su disciplina y, a menudo, en la de los otros. Su manía era traspasar límites y delimitar nuevos reinos.»

De este modo, su expresión deviene sagrada: son sus ojos y su habla: «El hombre cabizbajo se encaraba a los oyentes y los retenía bajo la luz de sus ojos y de su palabra, al margen de cualquier preocupación contingente», continúa Bofill. Y Llongueres, aún más explícito, añadía: «La sabiduría de Dios emanaba perfumada de su pensamiento sereno y humilde y la bondad del cielo desbordaba de su corazón amorosísimo. Hablaba como un apóstol; miraba como un serafín.» Y Llorenç Riber: «Aquellos ojos suyos hechizaban y daban miedo al mismo tiempo...»

Así, su muerte, atropellado por un tranvía y recogido en el hospital como un pobre hombre desconocido, por caridad, no contradice sino que redondea la coherencia de un proceso. Incluso en el hecho de morir bajo un tranvía, él, que había dominado la materia: «parece una ineludible predestinación o la irrevocable voluntad de Dios», escribe Llorenç Riber. Y Ràfols, más explícito todavía, describe el tranvía como «una fuerza ciega de despiadado progreso material que notaba el estorbo del anciano piadoso». Incluso la hora, el momento, tenía que ser precisamente aquél: «La muerte siempre es oportuna», afirmaba Torras i Bages. Desde la perspectiva cristiana no podía ser de otra manera. Por esto, los sectores eclesiásticos insisten en la ejemplaridad, no ya de la vida, sino de la muerte misma del arquitecto. He aquí un ejemplo, extraído del artículo «La mort apassionada», de Carles Cardó, uno de los sacerdotes de más influencia en aquellos años:

«¿Podéis imaginar algo más oportuno que esta muerte de Gaudí? Él, el pobre, muere recogido por caridad en el hospital. Él, el pobre voluntario, es recogido en plena calle por la gente desconocedora, y como un desconocido, anónimo, casi como un menesteroso, es auxiliado en el dispensario y asilado en el Hospital de la Santa Creu entre la multitud anónima de lacerados. Transcurren horas de sufrimiento cruel antes de que alguien se dé cuenta de quién es aquel pobre recogido. Si Gaudí tuvo conocimiento, ¡qué gracias no debió dar a Dios por esta muerte de Evangelio tan amorosa!

»¿Y no es oportuna esta muerte para nosotros? Justo cuando ha puesto la primera cruz en su templo, justo cuando su obra empieza a tener un atisbo de conclusión, conclusión en alzada y en belleza, el hombre se va de este mundo y nos deja el camino trillado para el gran monumento artístico y la lección de su modestia para los otros monumentos que debemos alzar.

»La muerte tiene la virtud de hacernos más presentes espiritualmente, a las personas que se lleva. Antes veíamos a Gaudí de vez en cuando y recibíamos, a través de sus ojos de niño maravillado y de sus palabras de libertad angélica, un tenue fulgor de su espíritu. Pero ahora la muerte lo hace patentísimo. Ahora recordamos sus grandes frases, y aquellos ojos que miraban en amplitud y en profundidad nos han revelado de pronto la grandeza de aquella alma hecha a la medida de los santos.»

Las palabras de Cardó vienen rubricadas por los tópicos de la triple lección «de la modestia, de la castidad, de la pobreza», que, como los santos, señalan un camino ejemplar para los otros mortales: acabar la obra iniciada y, no podía ser de otra forma, «el transplante de sus virtudes a nuestra alma». Como escribe Llongueres: «¡En Barcelona ha muerto un genio! ¡En Barcelona ha muerto un santo!»

ÍNDICE DE FOTOGRAFÍAS

83. *Park Güell, Barcelona. Inscripciones marianas realizadas por Josep M. Jujol en el* trencadís *del banco ondulado.*

84 – 85. *Park Güell, Barcelona. Detalles del* trencadís *cerámico del banco ondulado.*

86. *Casa Vicens, Barcelona. Uno de los balcones perteneciente a la ampliación realizada en los años veinte por Joan B. Serra.*

87. *Casa de los Botines, León. Fachada.*

88. *Palacio Episcopal, Astorga (León). Arcos del acceso principal.*

89. *Casa Batlló, Barcelona. Grupo de chimeneas en la parte posterior de la cubierta de escamas.*

90. *Casa Batlló, Barcelona. Patio de escalera.*

91 – 92. *Sagrada Familia, Barcelona. Pasos de comunicación entre las torres de la Fachada del Nacimiento.*

93. *Cripta de la Colonia Güell, Santa Coloma de Cervelló (Barcelona). Acceso a la sacristía y al coro elevado tras el altar.*

94. *Cripta de la Colonia Güell, Santa Coloma de Cervelló (Barcelona). Vista general del pórtico y de la escalinata de la iglesia superior, no construida.*

95. *Park Güell, Barcelona. Puerta de uno de los pabellones de entrada.*

96. *El Capricho, Comillas (Cantabria). Vista general.*

97. *El Capricho, Comillas (Cantabria). Pórtico de acceso bajo el torreón.*

98. *Park Güell, Barcelona. Remates de los pabellones de entrada.*

99. *Cripta de la Colonia Güell, Santa Coloma de Cervelló (Barcelona). Una de las columnas basálticas de fuste monolítico del interior.*

100. *Casa Vicens, Barcelona. Reja de forja y fundición representando palmitos.*

101. *Park Güell, Barcelona. Trencadís del banco ondulado realizado con piezas de una vajilla de porcelana.*

102. *Casa Batlló, Barcelona. Representación del* trencadís *en el estuco del vestíbulo.*

103. Trencadís *pétreo y pintura.*

104. *Pabellones de la Finca Güell, Barcelona. Dragón de forja, fundición y elementos industriales del portal de carruajes.*

105. *Cripta de la Colonia Güell, Santa Coloma de Cervelló (Barcelona). Nervios de la estructura de las bóvedas.*

106. *Sagrada Familia, Barcelona. Detalles escultóricos de la Fachada del Nacimiento.*

107. *Casa Milà, «La Pedrera», Barcelona. Remates de un grupo de chimeneas de la azotea.*

108. *«Tal vez no exista simulacro alguno que haya creado conjuntos a los que la palabra ideal convenga tan a la perfección, como el constituido por la sobrecojedora arquitectura "modern style". Ningún esfuerzo colectivo ha conseguido crear un mundo de sueños tan puro y conmovedor como esos edificios "modern style", los cuales, al margen de la arquitectura, constituyen por ellos mismos auténticas realizaciones de deseos solidificados, en los que el más cruel y violento automatismo revela dolorosamente el odio a la realidad y la necesidad de refugio en un mundo ideal, tal como ocurre en una neurosis infantil.»*

Salvador Dalí, «L'âne pourri», 1930

109. *Casa de los Botines, León. Imagen de San Jorge venciendo al dragón sobre la puerta principal.*

110. *Casa Batlló, Barcelona. Madera de roble de uno de los asientos diseñados por Gaudí para el mobiliario del piso principal.*

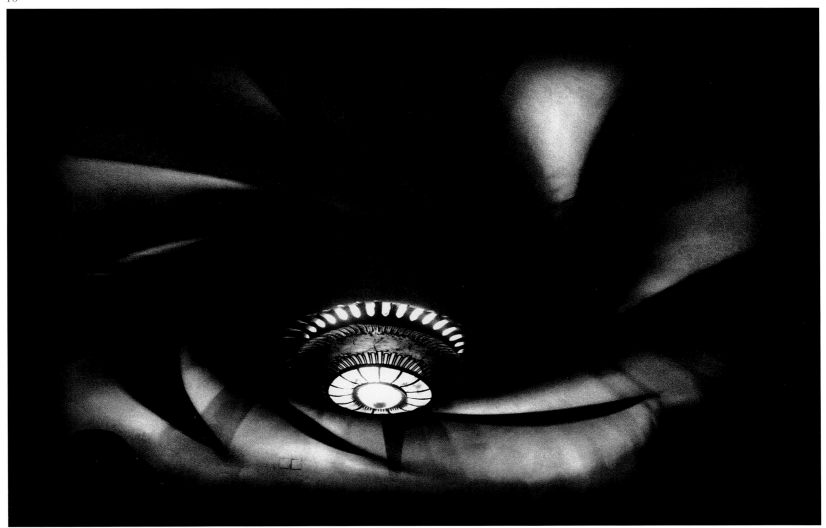

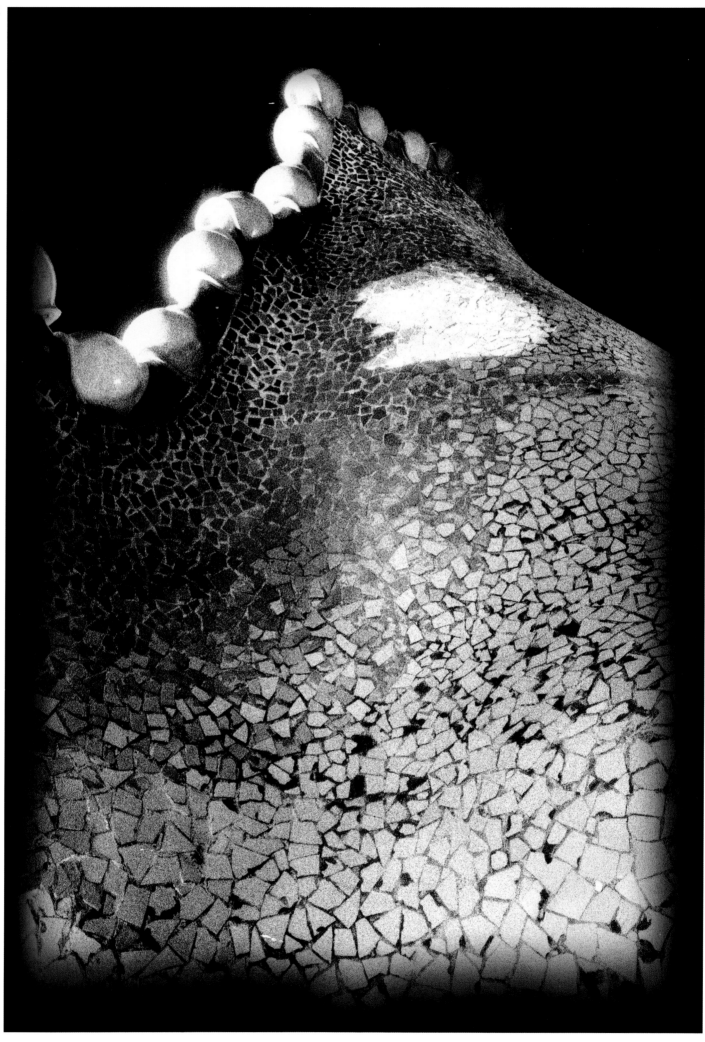

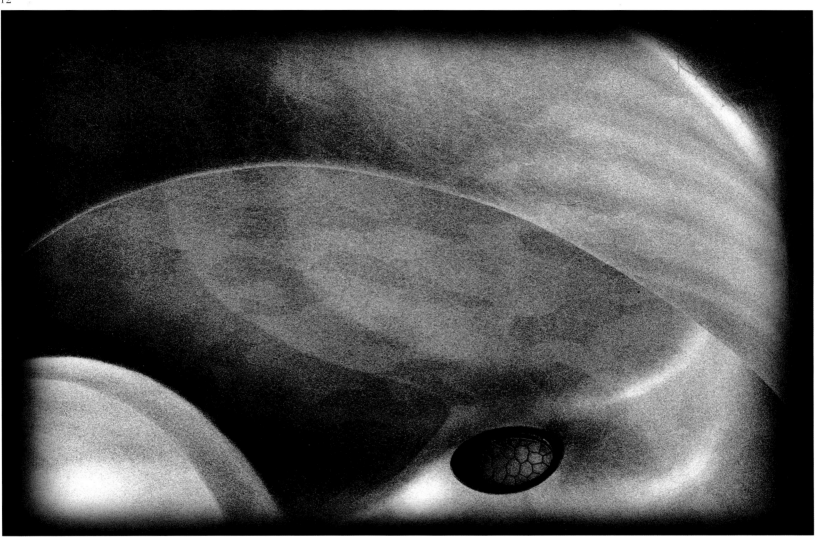

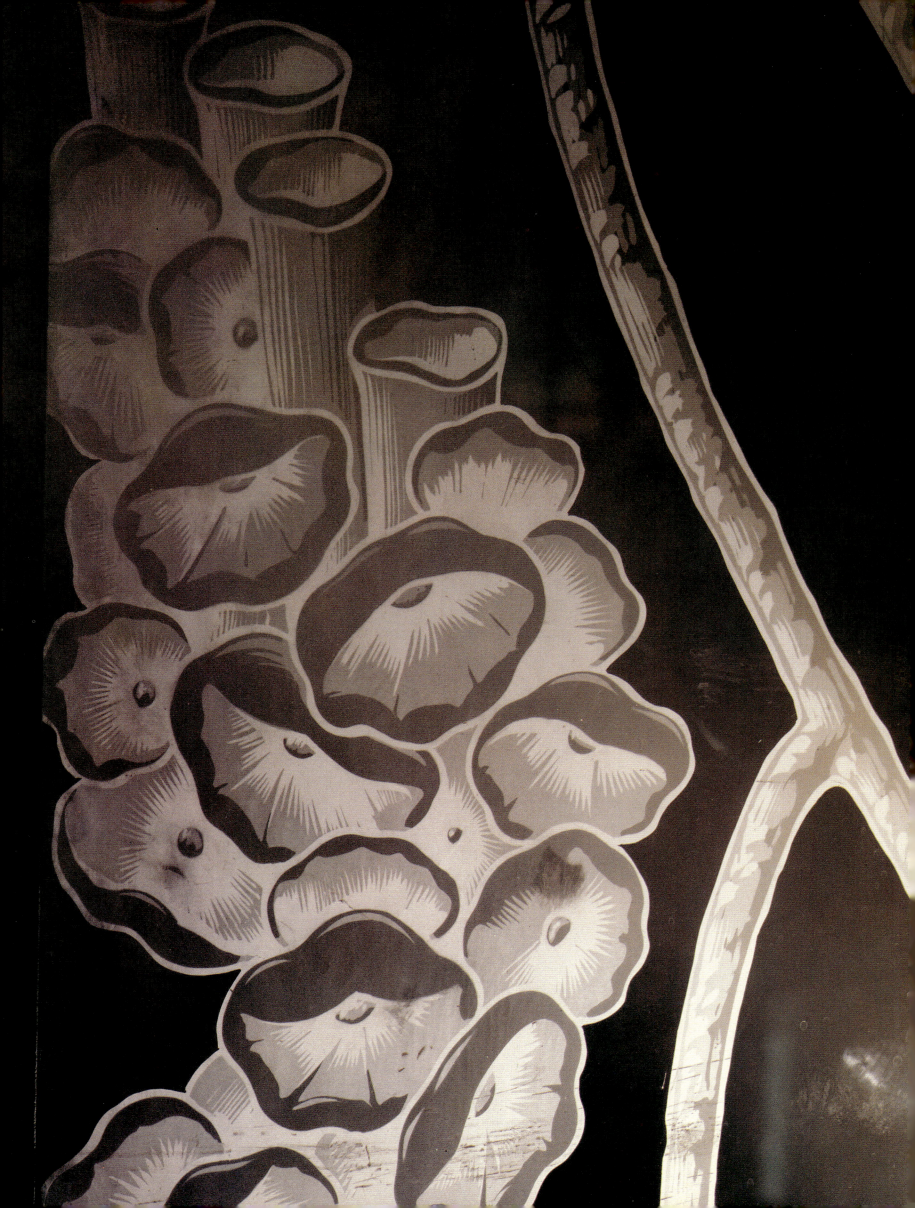

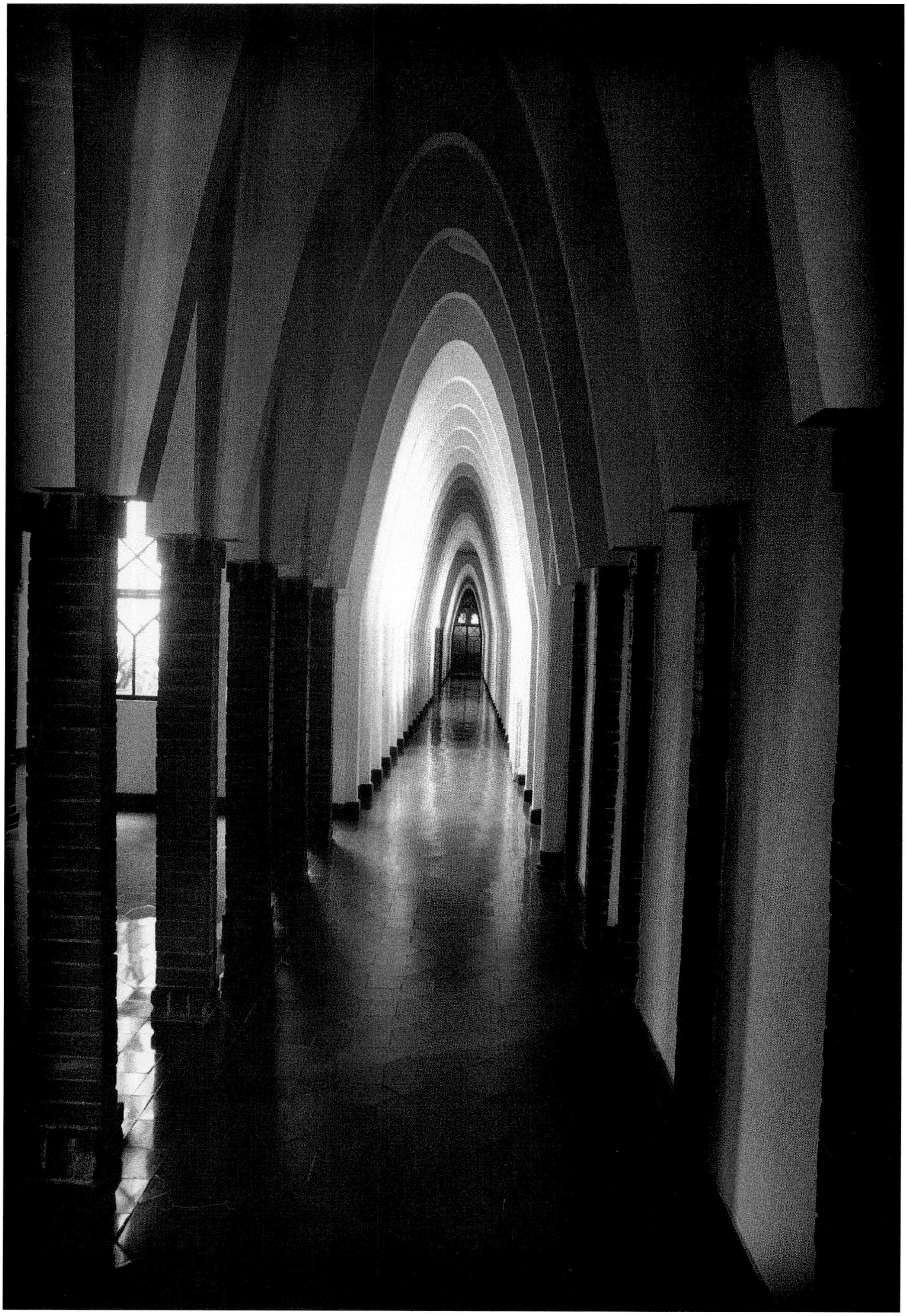

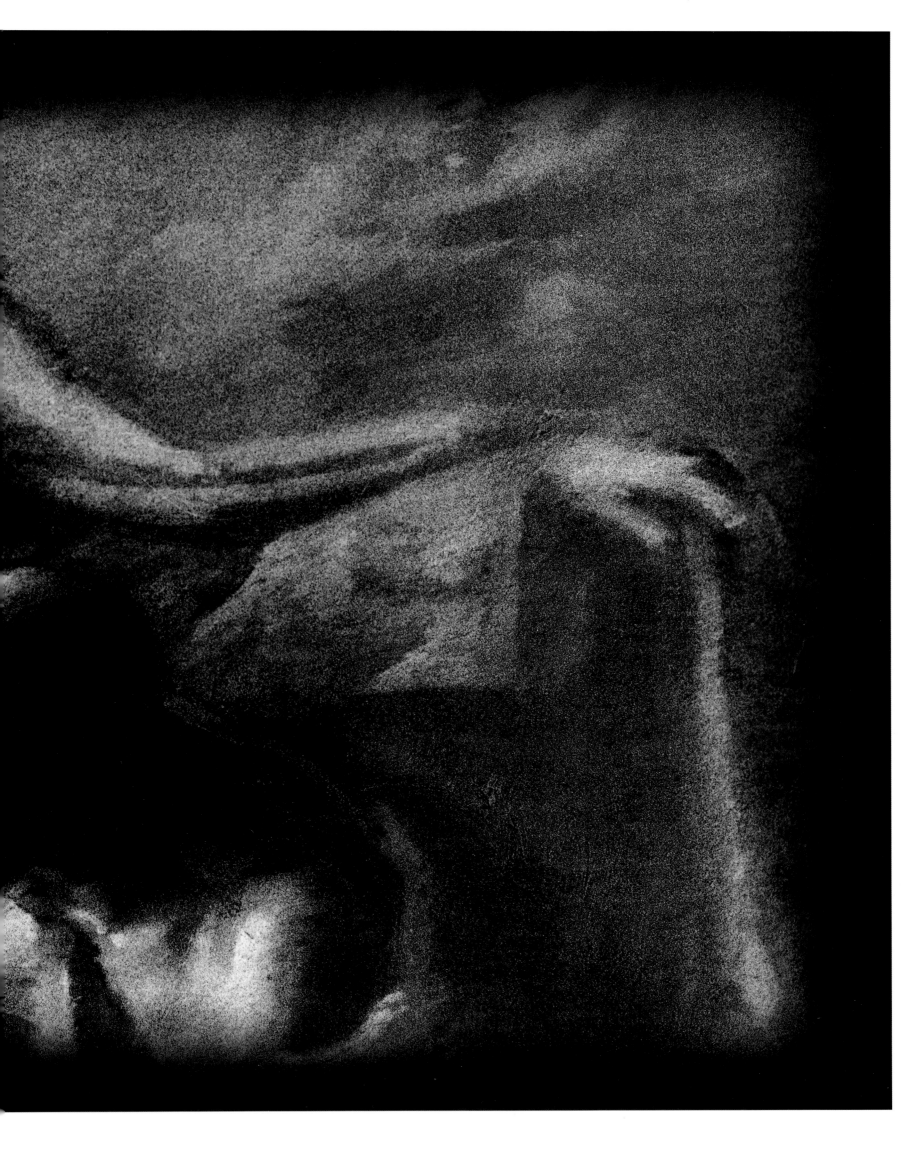

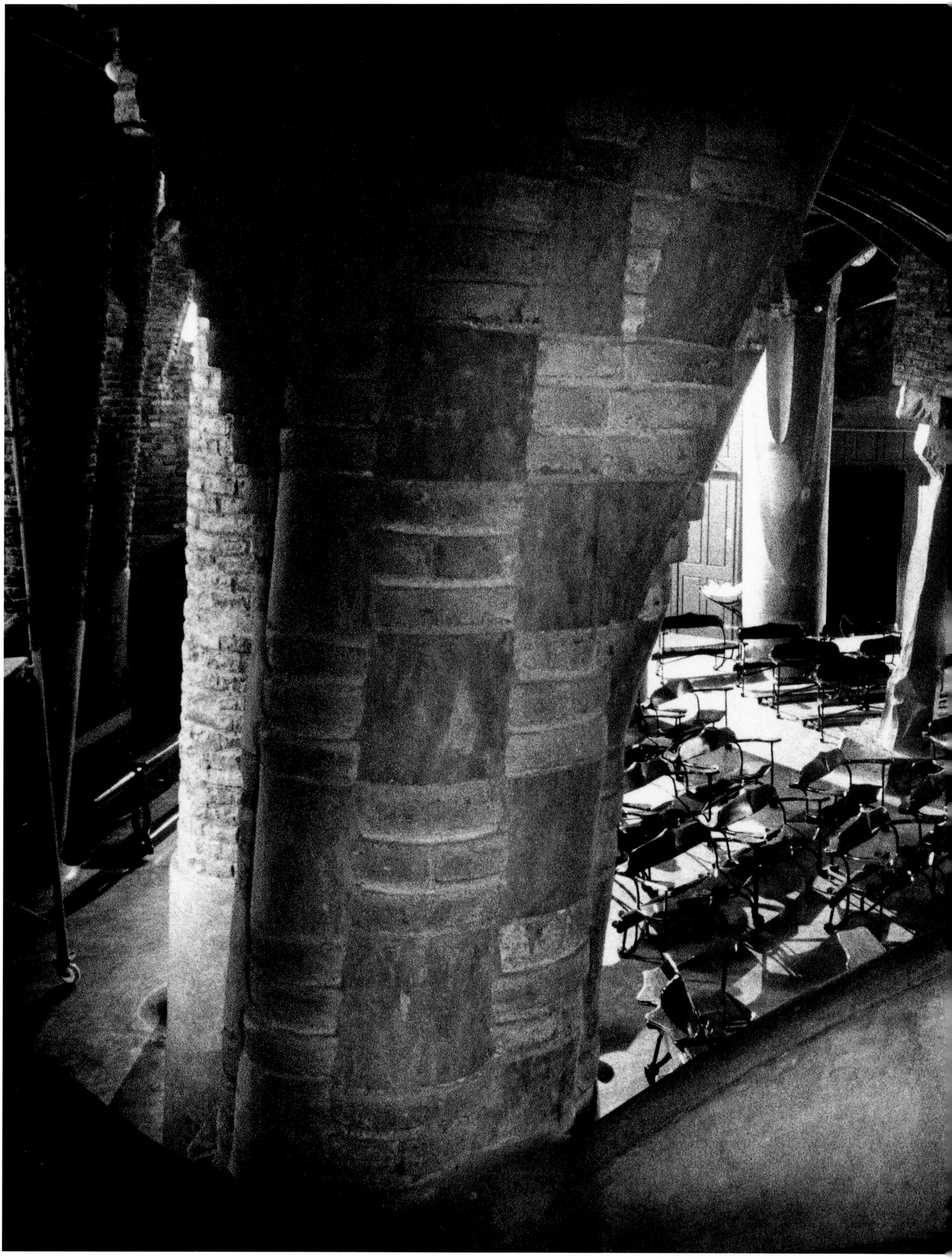

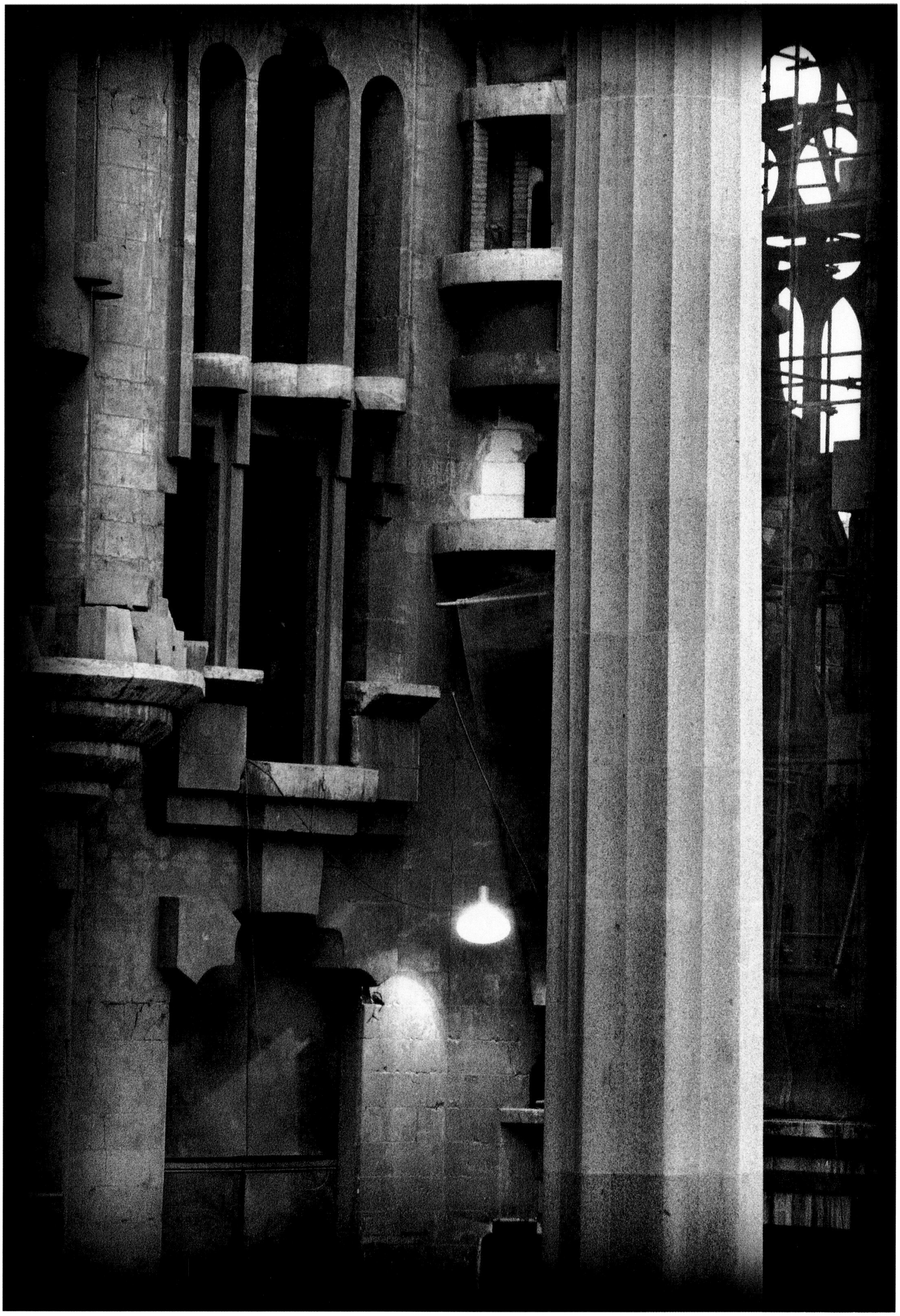

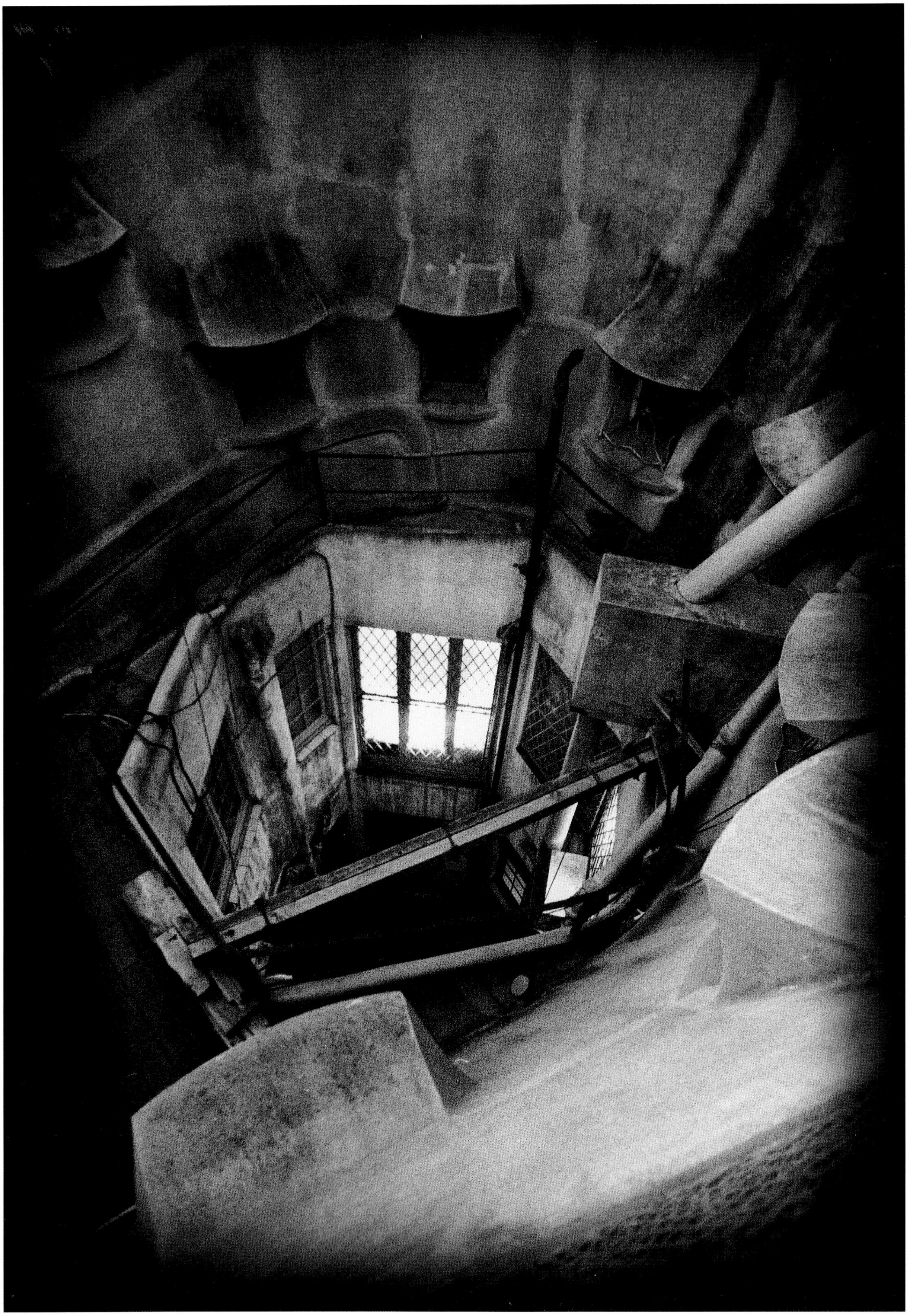

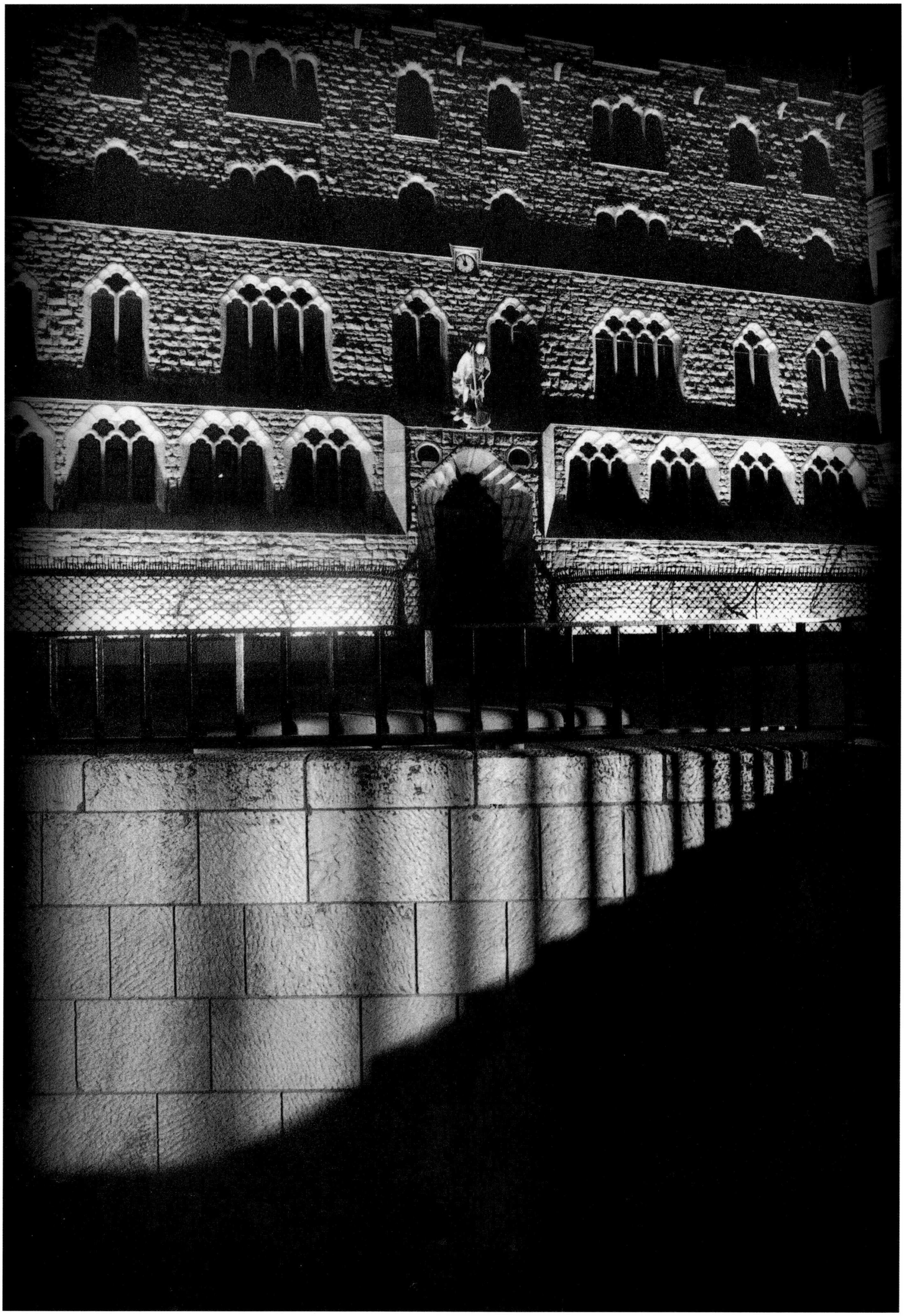

101 · 102 · 103 →

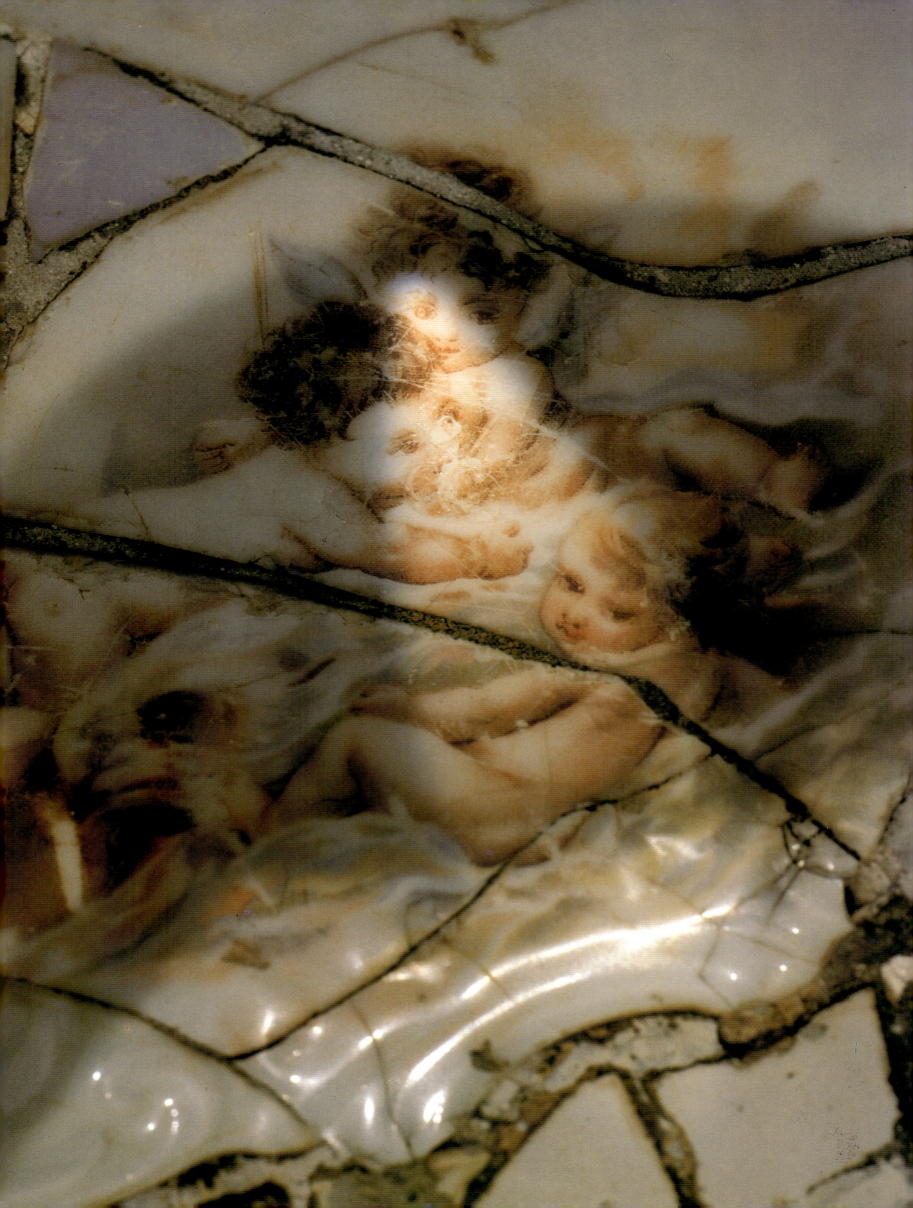

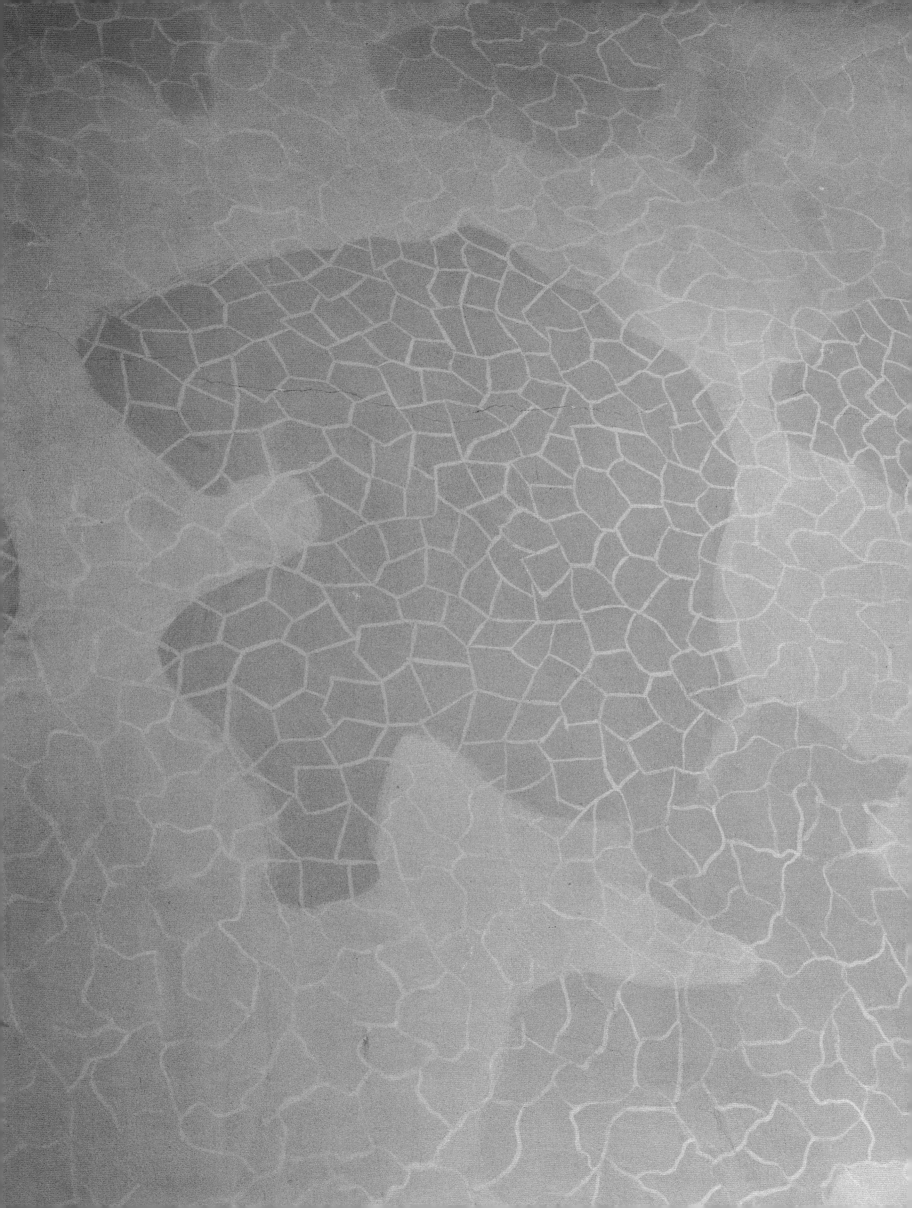

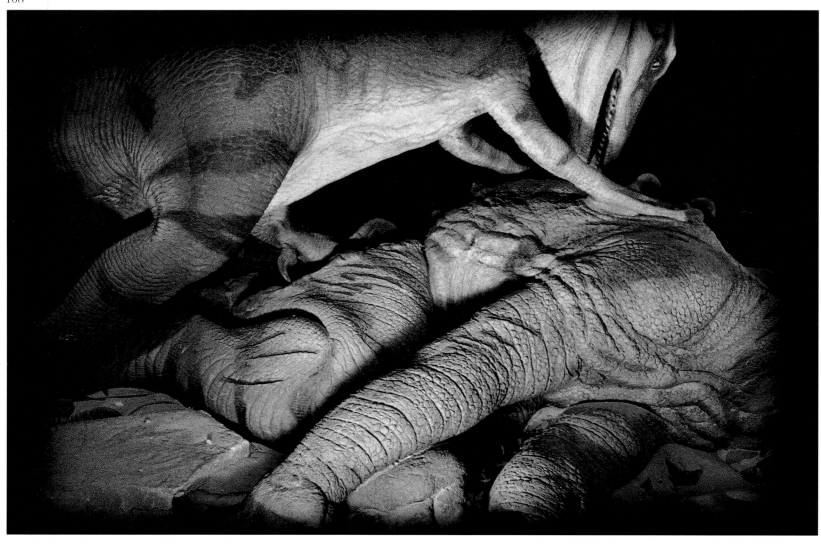

IMAGES AND MYTHS

GAUDI

IMAGES AND MYTHS

GAUDI

Photography
Alain Willaume

Text
Jordi Castellanos
Juan José Lahuerta

ANTONI GAUDÍ – IMAGES AND MYTHS

Myth of the Origins – the Earth, the Craftsman

"Antoni Gaudí i Cornet was born in Reus on 25th June 1852 in a house on the *carrer de l'Amargura,* and not on the *carrer de Sant Joan* as one author has claimed. His father was a boilermaker from Riudoms, a village where the great artist-to-be spent much of his childhood. His mother, who died when Gaudí was still an infant, was from Reus itself."

Those are the opening lines of the artist's first biography, written two years after his death by one of his disciples, Josep Francesc Ràfols. At face value, the words are no more than trite conventionalisms – mere facts. In addition to the day, year and place of birth – punctiliously specified in anticipation of pointless future discussions about whether Gaudí was from here or there, Reus or Riudoms – his father's trade is mentioned, while the fledgling genius's ties to his childhood landscape are portentiously hinted at. They are facts which never actually had any effective physical bearing on Gaudí's life. At the age of 17 he moved permanently to Barcelona to study architecture and, as far as his design and completed works were concerned, his links to Reus, Riudoms or the Camp de Tarragona district in general were practically non-existent. Moreover, his calling led him to actually break with a family craft tradition that went back several generations on both his mother's and father's side. Nevertheless, it is on these facts – his birthplace and craft legacy – that the myth of the origins of Gaudí's artistic personality was wrought, as was his characteristic genius, largely owing to the architect's own attitude and intimations.

Above all, his birthplace – the *Camp de Tarragona.* The opening lines of Ràfols's biography quoted earlier continue as follows:

"The light of the Camp de Tarragona that had caressed the Renaissance architect Pere Blay and many of his best works, the Baroque sculptor

Lluis Bonifàs and his brother Francesc – the latter skilled at manipulating neoclassical measurements – was the same light that shone in Gaudí's blue eyes, his penetrating gaze so suited to fathoming secrets in the great cosmic mystery."

Hence, for Ràfols, by hailing from the Camp de Tarragona, Gaudí was merely linking up with a line of Catalan artists and architects who, through the Renaissance, Baroque and Neoclassicism, embodied a whole cycle in the history of architecture, as if something in that land – some immanence – spawned such continuity. The light of the Camp de Tarragona appears to guard the secret. A light that Ràfols eventually associates with the very colour of the architect's eyes: blue. Between the earth and its generations of artists, the light of the land and the colour of his eyes, a circle is drawn which, in the words of Ràfols, leads to the discovery of cosmic secrets. He is clearly describing a chosen one, one who was destined.

However, Ràfols saw no need to articulate what I have just gleaned, nor that the blue and his transparent eyes were reminiscent of the sea and sky so proverbially linked to the Mediterranean landscape. Neither did he have to disclose other things – such as the architect's very sanctity – which by now lie too concealed for us to tap. In fact, everything is merely hinted at or – better still – implicit in his words which in a way were written for the initiated. Indeed, the extraordinary qualities he had been imbued with by the colour of the light in an immanent land was something Gaudí had often admitted, as is obvious from the sayings his followers devoutly recorded over the years. Martinell, for instance, recalls this pithy one:

"My Greek traits come from the Mediterranean, the sight of which is vital to me. I need to see it often and go to the breakwater on most Sundays. The sea is the only thing that condenses the three dimensions for me – space.

The sky reflects on its surface and through it I see the seabed and motion. My dream is to see all that at Tarragona's 'Miracle' beach, where light and colours take on other hues, but I have to make do with seeing it from the breakwater."

Greece, the paradigm or, more precisely, the common ground for all Mediterraneanism, for the sea and sky basking in it... Gaudí was therefore talking of a distinctive plasticity common to Mediterraneans and he cloaked his words in all the clichés – light, space... On other occasions he spoke of the skills inherent in natives of the Camp de Tarragona in more precise words which, when amplified, harmonise with those which Ràfols dedicated to the generations of artists from that land that culminated in Gaudí. He also quotes Martinell:

> "Architecture is something plastic, which entails *placing* [...] Architecture 'places' load-distributing structural masses [...] Natives from the Camp de Tarragona have a highly developed sense of the plastic vision of a situation: Fortuny saw colour more distinctly than the great masters, more than Velázquez and Raphael and almost as much as Veronese..."

In that phrase, however, Gaudí was not only talking of plastic skills – he was 'implying' something more. Sea, light, space, movement... everything seen – obviously, through his blue eyes – 'ideally' at the beach in Tarragona. It could not be more implicit. Without implying as much as Ráfols, Gaudí's intimations had already been well developed in various directions by his hagiographers, as mentioned earlier. In virtually all critiques contemporary with Gaudí, that crucial relationship of earth, sea, sky, light and colour to the architect and, more specifically, to his eyes – in other words, his 'vision' – is a compulsory motif when referring, not merely to his simpler, more immediate plastic skills, but beyond, to his destined genius. A passage written by Francesc Pujols in *Revista Nova* in 1914 reveals to what extent mention of his eyes had become essential to gleaning all, and how forcefully that cliché had become rooted so early on:

> "All the science of the ages and all inspiration scattered across the centuries have come to the fore in the thinking of that blue-eyed Catalan, a veritable glass bullet for his eyes, his gaze and his speech."

However, it is by reading, above all, his obituary published by Joan Llongueras 'Chiron' in *La Veu de Ca-*

talunya that we realise where those symbolic references are really leading:

> "I don't think we, who still see everywhere the bright light of his blue eyes – those penetrating eyes, as bright as enamel and shimmering like the waters of the Mediterranean – will be the ones to uncover the process inherent in this great Catalan, Antoni Gaudí.
>
> "The process of his intense, concentrated life and of his gargantuan, exuberant annointed work will one day be laid bare and that process will be full of vibrant, far-reaching revelations for our people and the yearnings and aspirations that despite all still sustain them."

It is now the people and their aspirations that identify with a Gaudí who is still, like some physical description, eyes filled with Mediterranean light. But not solely physical. If eyes are the organs of sight, in the case of a 'visionary' like Gaudí they are the organ of 'vision' – the soul. Chiron's metaphoric language becomes transparent when he talks of far-reaching revelations and it is no accident that his article is entitled: "The Genius and the Saint." In the 'vision' of a chosen one, genius and sanctity necessarily come together. Hence, Gaudí's blue eyes, which in his work filter – let us not forget it – the light of a Mediterranean land, plastic par excellence, lead effortlessly into an idealised description of his appearance. Likewise on the occasion of his death, Llorenç Riber recalled him thus:

> "When Antoni Gaudí moved to Mallorca for the Cathedral renovation – a titanic undertaking requiring a Titan's hand – his eyes bore that deep, enigmatic colour of the heavens and his beard the tint of an olive tree which Carner had celebrated. The last time I saw him, just a few days ago, his beard with the hue of a twenty-year-old olive tree had changed miraculously – like the miracles in the hagiography of Voragine – into snow and white lily. It was white, uncouth and perhaps scented like St Joseph's staff. His shoulders were burdened with age, but his eyes still shone with the same sky blue as when I had first met him and they had fascinated me, reminding me of a deep, uncharted sea. Those eyes of his were now incisive and frightening..."

His eyes have now become enigmatic; eyes that see what others fail to see – knowing and thus frightening eyes. But they are now joined by a beard, an olive beard – a tree of Mediterranean resonance and Tarragonan, too – which has turned white with age; the beard of the sage and the priest. A description of this stature, with allusion to the lives of Jacobus de Voragine's saints and to St Joseph himself, smacks of tautology: who could fail to recognise a saint therein or, closer to the point, a prophet? One could not go any further through eyes that are blue because they have filtered the light of the Camp de Tarragona.

But the opening words of Ràfols's biography reveal another feature. Gaudí's father, we are told, was a boilermaker. This was the second great pillar on which Gaudí's mythical personality was built – his craft origins. Also marking the architect's passing, J. M. Llovera, for example, dedicated this *Petit Himne Homèric* ("Small Homeric Hymn") to him:

> *"Praise the small, wiry athlete who raised huge*
> *   stones into the air*
> *And, stooping over, daringly loved to make*
> *   them fragile.*
> *He vanquished the plane and the straight line,*
> *Driven by an ancestral legacy,*
> *Labouring to bring out the third dimension…"*

All forms seem to issue from Gaudí himself. But the struggle to achieve that 'third dimension' – so akin to the aforementioned Mediterranean plasticity which, at bottom, is what the poem is honouring – springs straight from an ancestral legacy. Llovera himself explained the concept by referring willy-nilly to assertions made by the architect:

> "I learned it from Gaudí himself in a recent, highly edifying conversation on the breakwater: 'My father made cauldrons; my paternal grandfather made cauldrons; my maternal grandfather also made cauldrons. From the first two dimensions they brought out the third. Some time ago, on seeing the Holy Family church for the first time, an old neighbour who had known me as a child exclaimed candidly: "Oh! That's the same sort of thing he used to do as a boy!" She was right. It's a skill I inherited. It drives me and leads me.'
>
> "It was that conversation, more than any other, that encouraged me to press on with my obscure task of adapting classical dactylic metre to our language. That is why I wanted my remembrance of the great artificer – a humble undertaking compared to so much eminence – to be cast in the same old Mediterranean rhythm, which he so enjoyed."

The points made in this passage could not be more eloquent. Firstly, Llovera introduces us to a Gaudí we are already familiar with – on the breakwater, on the seafront, talking of Mediterranean rhythms. Further, he reveals Gaudí himself recalling how the legacy of his ancestors' craft trade determined his view of things. Both images weld perfectly into the figure of Gaudí as a child, his ingenuous eyes already bearing the traits of that genius handed down to him. In his legacy and in the childhood of the genius, as in that of a saint, everything is prefigured – it is none other than the cliché of a saint's life.

However, the allusion to ancestral craftsmanship in Gaudí's vision has further implications. Undoubtedly the most important of them is that he is portrayed as an intuitive genius. This feature may be interpreted in simple terms, like those relating to his reputation – highly commendable, in his case – as an illiterate. Doménec Sugranyes, for instance, likewise a disciple of Gaudí in the Holy Family project, wrote of his master in an article entitled, "Gaudí in Private:"

> "What a contrast! That man who improvised so effortlessly in private conversation was no orator and less still a writer. On the contrary, he seemed to shun the pen and spent years without ever writing a single stroke."

Nevertheless, Sugranyes proceeds to devote lengthy paragraphs to Gaudí's intuition and his accounts are not always so simplistic. In this respect, in 1923, he published an anonymous article in *Bella Terra*, "The Dante of Architecture," a perfect distillation of that interpretation:

> "Gaudí is clearly one of the most powerful minds yielded by our Renaissance. He is a true genius, a man of great intuition and genius is always intuitive. All great works, of whatever kind, are daughters of inspiration and are not born of cold reasoning. At best, the latter analyses the parts of what the former has designed as a whole."

His conclusion may seem surprising:

> "He is, therefore, a man of scant literacy."

And yet, it is obvious:

> "He is not what may be termed a scholar, as a scholar knows what others have taught him, while what has happened to Gaudí happens to

all those bestowed a special grace by God – they know things through themselves, as they see them lit by the light of their genius."

In previous quotes we have seen the origin of Gaudí's skills and it would not be too complex an affair to relate this type of intuitive genius to his well-known way of acting and working – a lack of plans, the absence of any project in the abstract sense of the word, while advocating direct work on an assignment or in the workshop. He preferred the 'model' to a drawing and the 'mark' of the hand and of time to the materials used, which were sometimes rich but often 'poor' or 'broken.' An anonymous obituary in *La Veu de Catalunya* written by an architect of "highly commendable works" brings together Gaudí's aversion to the pen with his flaunted anti-intellectualism, as evinced in his oeuvres and his working style:

"The basis of Mr. Gaudí's architectural works must be sought in the builders of those glorious times past. He was never a man of the pencil, of drawings or of paper, but one who strove to transpose to our times the structural grandeur of our Romanesque, Gothic and Renaissance ancestors."

Gaudí is here defined as the culmination of a history, not of 'architects' with their cultural, intellectual connotations, but of 'builders.' This mythicisation of Gaudí, which blends in a single line his craft origins, intuitive genius and anti-intellectualism, is best defined in the theorisation committed by his disciples, particularly Joan Rubió i Bellver. Following especially his design of Güell Park and the crypt in the Güell Colony, Gaudí set aside geometric, mathematical methods of calculating structure and embarked on practical forms. Thus, to determine – rather than calculate – the structure for the Güell crypt, he built what he termed a 'stereostatic model' which consisted of a number of pieces of string from which hung canvas bags filled with shot, the weight of which was proportional to the real structural loads. Subjected to this weight, the string automatically adopted the inverted shape of the building. In an article of 1906 entitled, "Difficulties in attaining architectural synthesis," in which Rubió set out to theorise such procedures, he discovered in his findings the culmination of architecture as a synthesis. But, let us see how. On the one hand, Rubió admitted that engineers had already built some of these synthetic structures:

"There are now numerous buildings with balanced form and the bridges designed according to laws of inherent equilibrium are becoming more common and more daring."

But, he adds:

"This case of scientific rigour that rules out any law of harmony is not the case of architecture."

When reading "scientific rigour," we should take abstract calculation for granted. Such abstraction, which Rubió interpreted as a departure from reality, a reality that could only be material, was opposed by Gaudí's work in practice:

"Shunning abstraction and tackling the problem with real, positive means, without even a hint of scientific rigidity."

The opposition abstraction/pragmatism became one of the clichés most frequently wielded to describe Gaudí's personality. Thus, for instance, on the death of the architect, Rafael Benet wrote in *La Veu de Catalunya:*

"Antoni Gaudí has set about merging the most exhaltant lyricism with his superb science – a science which is never abstract but intuited when faced with a concrete situation."

In 1928, Francesc Folguera wrote in *L'arquitectura gaudiniana:*

"In his drive for an integral solution to the architectural problem, Gaudí shirks simplification. By contemplating nature and its senses, endowed with extraordinarily refined perception, one may grasp a concrete sense which he has made synonymous with life, while abstraction, a negative process, is synonymous with death and destruction. That is why the clarity of his works is complex, avoiding schematism and geometric rigour. He seeks the appearance of life, at times compromising the static value of mass.
"This desire for movement and concrete solutions, which led him to flee from common, abstract solutions and instead engineer highly personal ones was arguably his most distinguishing feature."

This does not mean that such articles merely attempted to highlight Gaudí's intuition by resorting to more elaborate arguments than those referring to his aversion to the written word. By the opposition abstract/concrete, calculation/intuition, etc. the aim was to give form to a character belonging not only to the architect alone but to him as the paradigm or epitome of a whole people. The article by Rubió cited above states:

> "At present, the most highly synthesised architectural structures are to be found in Güell Park, a glorious page in architecture in general and the earliest manifestation of a whole architectural cycle that everyone is eager to see grow and expand. It is perhaps the most far-reaching production of our Renaissance – plastic form and creation in stone, a visible, tangible expression of our practical, idealistic and scientific spirit of renewal, an enthusiast of projections to the furthest horizons and lover of simple, practical means for achieving grand effects."

Hence, Rubió clearly moves directly from a description of the architect's works and praise for his successes to a definition of the Catalan spirit, which he identifies quite simply with Gaudí's spirit as manifest through his work. From Almirall to Torras i Bages, from Casas Carbó to Pompeu Gener or Maragall, a picture had been built up of Catalans as a practical people who, even when faced with great enterprises, never relinquish their contact with reality, as embodied in the earth they are rooted to. In Rubió's words, Gaudí became the synthesis and symbol of that character, an association that will always be taken for granted. Suffice to see how, in an article published in 1927, Francesc Pujols comes full circle in such arguments, returning them to Gaudí's origins in his earth:

> "Talking to that enlightened thinker from the Camp de Tarragona, who said that as long as he saw people dying he would believe in immortality, and that he liked watching the sea from the land, because he could then see the sky twice over – in the air and in the sea..."

He returns to the Camp de Tarragona and, it must be admitted, we have already seen Gaudí on several occasions gazing at the sea and sky from the breakwater. However, one does not need to be that familiar with turn-of-the-century Catalanist mythology to grasp the meaning of Gaudí's need to see the sea and sky "from the land." Maragall had once made Count Arnau exclaim:

> "I don't like seeing the sky unless I can see it open above me."

The essential trait of the Maragallian vision is embodied by Gaudí. He is, at bottom, the way the earth and heritage have made him.

The Myth of Modernism – the Architect of the Rich

The same book by Ràfols that opened the last section – the first biography of Gaudí, published in 1928 – adds the following passage about the architect's youth:

> "In his youth, Gaudí was not one to seek solitude, spurning any form of human relationship. His intellectual superiority must have exacted a heightening of the senses – he dressed very elegantly; his table was always adorned with the choisest food and he never missed a carriage ride or a performance at the Teatre del Liceu for the opera season. This rural lad from a working-class family must have sensed that his art would only be understood and patronised by true gentlemen; not those who were gentlemen merely by name, or by an economic position earned without effort or sacrifice who went about vaunting their status, but by blue-blooded aristocrats, social patriarchs of the humbler folk, in whom intelligence and bounty, political responsibility and a thirst for novelty in art fused inexplicably."

Ràfols's words summarise a legend that Gaudí's hagiographers and biographers have repeated virtually without exception – that of the young Gaudí as a highly refined person who missed not a single occasion to make an appearance in high society. This legend necessarily raises two issues in the mythical definition of Gaudí's personality. Firstly, it provides a yardstick for measuring his subsequent 'conversion,' when he withdrew from the world and became the lone 'architect of God' during his mature life. Secondly, right from the outset of his career, it endows his figure with a sense of innovation in both art and other respects.

Regarding the first point, another legend closely linked to his refinement also springs to mind – that of his anti-clerical standing as a young man. In his *Simó Gómez. Història d'un pintor del Poble Sec,* Joan Sacs wrote about intellectual conversational circles in Barcelona at the turn-of-the-century which were recalled by Isidro Puig Boada in the following refutative lines:

"That cenacle at the Café Pelayo had another interesting appendage. It was a small coterie that was already in session whenever Simó Gómez's circle went to the cafe. Set in one corner, the clique of out-and-out anti-clericals met – it was said – merely to hurl blasphemy together like some nocturnal rite. Gaudí at the time was so passionately anti-Catholic he spared no breath in his vociferous anti-Catholic outbursts, even stopping in front of a church, for example, and decrying the faithful gathered there with the fashionable insult of *llanuts* ('uncouth')."

The legend remarked on by Joan Sacs has always been indignantly denied by Gaudí's followers as a falsehood. However, it is not the veracity of the issue that concerns us here, but the fact it drew a number of anecdotes from the life of Gaudí. In short, this legend reveals a Gaudí who at a given point in time was called on to abandon his ways and, with the impetus of a convert, embarked on a new life as exemplary as were wayward his former errors. It is, of course, the cliché of falling from the horse on the way to Damascus. Joan Sach's account may be dismissed by followers of Gaudí, but it is merely an extrapolation of Ràfols's and many others' descriptions of a refined, worldly Gaudí – a secular Gaudí in stark opposition to Gaudí the mystic. It is, nevertheless, true that for hagiographers like Ràfols the latter figure was always necessarily contained in the former:

"But Antoni Gaudí's *dandyism* fitted to a tee the description of Baudelaire: 'A rich man with a love of work.' For, despite the social life Gaudí led, he never fell behind with his architectural projects. His plethoric nature led him to excel in everything – he loved his craft as a man with a vocation sent to us by the heavens."

The second feature to be gleaned from Ràfols's description, promising to be even more interesting, is the artistic innovation Gaudí stood for. It is actually inseparable from Gaudí's relationship to Eusebi Güell. Ràfols again:

"Gaudí was well aware that intelligence alone was wholly insufficient to be up with those great men. Something else filtering through intelligence was required to be part of that world of the nobility. His friendship with the first Count of Güell was no groundless, chance occurrence. Gaudí was to Eusebi Güell what Michelozzo Michelozzi had been to Cosimo the Magnificent. Greater refinement, more exquisite

detail under the light of Florence; greater fortitude and drive skirting the Mediterranean sea. Art and ambience coalesced in both illustrious instances."

We may overlook the fact that, carried away by desire, Ràfols makes Cosimo de' Medici and Lorenzo the Magnificent a single person, because the issue at hand is the way the Güell–Gaudí duo is described: firstly, the explicit commonplace of the patron–artist relationship, the significance of which will be dealt with later. Secondly, the twinned image, in the sense that the description of Gaudí as a *dandy* is derived from Güell's own social projection among his contemporaries. In a biography on Eusebi Güell published in 1921, for instance, Miquel d'Esplugues described him in these words:

"That svelte, smart, highly poised profile of Eusebi Güell, which revealed a gentleman's bearing and the manners of a prince, made him stand out in any crowd, regardless of whether its members were of his own kind..."

That description is no more than a summary of the cliché which a mere glance at the obituaries published on Güell's death in 1918 confirms to have been widespread and socially entrenched. The one in *La Veu de Catalunya,* for example, began as follows:

"The Count of Güell, that great lord and patrician, a *gentleman* in all aspects of private and public life, has passed on."

Güell's personality as a 'great lord' and smart gentleman was largely based on his image as a beau and connoisseur. The aforementioned obituary subsequently continues:

"The Count of Güell was an enthusiast of books, good sculpture, fine fabric, beautiful architecture and beautiful music. Whoever happened to visit his mansion in the Carrer Nou could bear this out fully from the presence of eminent literati, from the waves of harmonies struck by the marvellous perspectives of Gaudí's art and from the stretches of wall or alcove recesses disclosing as they gradually revealed extraordinary gems of sculpture and painting from other times and from our own."

This love of letters and artworks was of course echoed in the man himself, in his appearance and his belongings. This, for example, is what J(osep) F(ranquesa) wrote in *La Renaixença* in 1894, in a description of the Güell Palace:

"Whoever saw all that would also find a twisting bend up there on the first landing and, seated at his desk in what resembled the atelier of a fashionable French writer, the congenial figure of Don Eusebi Güell, the happy owner of so much treasure, with his medieval head and romantic tresses, his aristocratic face and affable, vigorous expression and melancholic look; with his subdued voice and ever noble and frank conversation."

Hence, personality and ambience were interwoven and inextricably linked. No wonder, then that, in his memoirs published in Paris in 1931, one of Eusebi Güell's sons should have described his father's home as follows:

"It is interesting to note how that building, conceived in ultramodern terms, has an atmosphere ideally suited to the old paintings and wall hangings and how some visitors are led to believe that the building has been there for centuries, like some extravaganza of a 15th-century Venetian artist."

We find ourselves, then, in Eusebi Güell's home, the so-called Güell Palace he had built in 1884. In this building, Güell's personality, as mentioned earlier, and that of the young Gaudí as described in his biographies had a 'providential' meeting, that is, a blemish free encounter – the bearer of innovation that was Gaudí and Güell the refined gentleman. But, what exactly was the temper of such providence? In a long article on the Güell palace featured in *La Vanguardia* in 1890, Frederic Rahola begins by saying:

"It must be admitted that modern buildings in Barcelona bear a monotonous resemblance to one another. The same exotic taste prevails in all, pervaded through and through by a Renaissance influx with foreign overtones. This has set up a disturbing uniformity in our Ensanche, with buildings lacking a character of their own, and instead making up an ensemble of mock architecture lacking any manner of resourcefulness or originality.

"The reason for such a dearth of character lies largely with builders taking pride of place over architects, and imposition severing the artist's creative talents and bridling the free motion of his fantasy.

"The younger generation has of late taken to breaking with routine, upholding its ideas and sprinkling the city with new buildings full of character... At the forefront of this architectural revival are Gaudí and Doménech, both anxious to clothe architecture in new forms, enemies of academic tyranny who dispense with any existing structural rules that might fetter the flight of their imaginative reverie.

"Gaudí, in particular, is a true eccentric. In a spirit of renewal he shuns the old moulds, breaks free of prevailing taste, appraises everything he does and in all his tasks commits something of himself, never ordinary but ever reflective of his brilliant, fertile imagination. His structures, which challenge routine and fashion – that imitation of superior forms by commonplace spirits, as Herbert Spencer would have it – are not to everyone's taste and deemed rather eccentric by many, but no one could deny they display a marked sense of independence in an art enslaved by eras past.

"Therein lies Gaudí's greatness, which has at least produced works revealing an artistic temperament and a current of ideas, feelings and needs in the period in which they arose.

"Don Eusebi Güell's home is worth examining from this angle, as it stands for something new and modern in architecture and is one of the most redolent and faithful testimonies of Catalonia's art wealth at the present time."

The Güell palace was above all perceived as a symbol of modernism, of radical novelty that came to the fore thanks to specific premises – the eccentricity of an architect who, in contrast to the norm, far from being reigned in, had been encouraged by its owner. By raising the Güell palace as exemplary, Rahola was actually teaching to the new Barcelonan elite and showing them the road to follow. In this sense, the Güell palace became a model to emulate. In the tangible embodiment of this example lay the providential sense of the Güell – Gaudí encounter, which Rahola naturally remarked on as well:

"Gaudí had the rare fortune to stumble on a superior man, as well-off as he was enlightened, who let himself be carried away freely by the artist and placed his full trust in the artist's talent without heeding the excommunications of the populace. By populace, I mean those slaves to habit intolerant of any display that might ripple the peaceful possession wherein ideas and forms are automatically lodged in their brain."

Another vital issue can likewise be inferred from Rahola's passages, however: Gaudí's originality adopted a positive form solely and exclusively when he was involved in a project moved by his patron, Eusebi Güell. Rahola states that Gaudí was a true eccentric and it is clear that, in order to interpret that eccentricity not as mere personal whim but as an expression of genius, it must be subject to a goal beyond its possessor's ken. In a monographic work on the palace published in 1894, Josep Puiggarí referred to the double edge of such eccentricity with great care:

"The proprietor, skilfully inspired or supported by the architect Antoni Gaudí, a humorist of his own making, set about creating a work *sui generis* without parallel in Barcelona or, as far as I know, anywhere else.

"Whatever the case, creating something new is always commendable, even if turns out to be bizarre. Why should the *quilibet audendi* of painters and poets not extend to architects, too? The field of construction and building styles has become so well-worn that any innovation marking a departure from prevailing norms and trends requires talent and whoever stands out from the crowd shows superiority over the latter. This consideration is particularly poignant nowadays, at a time when it has become so difficult to be inventive amidst so much officially sanctioned, classified and largely exhausted knowledge and, more than elsewhere, in art, which seems to have said its final word, tired of being trampled under so many historical and ethnographic formulations, to such an extent that this century has still not yielded an art of its own. Hence, whoever manages to put up a building more or less different from the rest, both as a whole and in its details, reveals not only iniciative and subjectivity but opens up new channels for others to follow in a resolute spirit of successful innovation, being original, restorative, reformative and creative, attributes of the divine and the supreme goal of any artist. Such an undertaking will not be without its drawbacks and difficulties, but from the sublime to the ridiculous there is but a short step."

Thus, originality must be geared to a goal which transcends it, otherwise it becomes trite eccentricity. This is where the Güell–Gaudí tandem of patronage comes in – these 'artificers' of the palace that Puiggarí deliberately welds into one. The originality driving the artist, born of the idea of art for 18th-century art's sake, is therefore subsumed by another originality – that of the patron and property owner – no longer individual but transcendent, as it issues from a 'leader of society,' in short, from a prince. We saw earlier how Ràfols likened Güell to the Florentine Medicis. Miquel d'Esplugues, for his part, wrote that Güell was:

"... a *monarch:* – one set above the people."

Gaudí's eccentricity, as recalled by Rahola, or the 'humorist of his own making,' according to Puiggarí, was sublimated in the imperative originality that was a prerogative of the prince. The Güell–Gaudí relationship was a social paragon, as Rahola and Puigarrí never tire of stating. At another stage in his article, Rahola describes Gaudí's project as follows:

"As intimated earlier, in his architecture Gaudí has a bent for imitating nature and the most striking feature of the earth's patient, ongoing labour is the line of the hyperbola, which likewise dominates constructions among primitive peoples and the rudimentary highlander's hut. And, enamoured of that curve, invariably the ultimate result of natural architectural formations, he has exploited it to the full.

"Few arches grant more varied latitude and more successive gradations. The Romanesque arch with its two load-bearing points remains invariable, while the pointed arch also has its fixed limits. In contrast, the hyperbola allows for indefinite expansion. With identical column bases and starting from a Romanesque arch, it can virtually assume the form of the pointed arch and then expand in a rising progression. It is a spiritual curve that drives upwards like a flame.

"Gaudí adopted it as a motif throughout the project. It shows vaguely in the basement, becomes fully-fledged over both entrance doors resting on the floor and then surges up from columns everywhere in a grand crescendo. The hyperbolae intertwine in all directions on the great salon dome, where the geometric figure reaches its climax, only to vanish subsequently in the chimneys above, in a series of tight spirals and aerial fragments sundered like the dominant free-standing notes in the final flourish of a symphony."

Rahola is obviously drawing an implicit comparison between Gaudí's work and that of Wagner with regard to the latter's synthetic continuity in a complete work. A few years later, in 1894, in an article in *La Renaixença*, J(osep) F(ranquesa) takes up on Rahola's description:

"It is remarkable how the architect's originality should have been so successful by bowing to that [Güell's] conception. Mr. Gaudí has treated that majestic building as a great master would orchestrate an opera. On the strange, almost coarse, formless facade, where the rude stare of the inquisitive might see a prison, a fortress or a feudal castle among the projecting balconies and flush walls, among the sturdy grilles and bare windows, the architect, in full control of his design, has challenged the tenets of the scoffing populace by concealing all kinds of features that would only have seved to draw easy applause. He has even dared to reveal the driving force behind the ensemble – the twin entrance arches – in the driest, most candid and prosaic manner, like two crippled ogives, two devil's bridges – like a dual entrance to a tunnel. And yet, that arch is the artist's happiest disclosure, the key to the whole enigma, the essential theme of the composition. That arch partaking of the decoration in all the rooms occasionally narrows down in the interior and then acts as a sweetener atop the impost of dashing pilasters. It variously bows and stoops wherever length becomes a hindrance. Here it forks out; there it becomes fragmented, meekly bending to the will of its creator, broadening, becoming squatter, thrusting upwards, becoming idealised. What starts out as a rough curve in the entrance, is transposed to the backrests on the seats of honour, sweeping through all the rooms and halls of the building as the theme of a Wagnerian opera pervades all the instruments and voices."

The Wagnerian synthesis, the total work of art, was transposed by Gaudí to architecture. This is another of the ever-present clichés in his biographies although, as we have seen, quite significant in origin. The protean force of the German musician, who composed under the patronage of princes, again issues forth in the work of this Catalan architect whose eccentricity, sublimated through the patronage of another prince, turns definitively into genius. What else but such eccentricity could have led Gaudí to be an architect serving Güell, embarked as he was on a programme of aristocratic revival of Catalonian society – determined to become an example of the new elite? The legend of Gaudí's refinement has herein its most logical conclusion.

A Nation's Myth – The Architect of Catalonia

But Gaudí also designed the *Sagrada Familia*. Legend has it he was chosen – naturally in connection with his blue eyes! – after the church's developer, Josep Maria Bocabella, had a dream. The fact is Gaudí became increasingly involved with the project until the latter turned into his single goal in life. Religion and profession coalesced in a labour that was soon charged with meaning. Its creator was transformed into the epitome of the religious architect – the last of the great cathedral builders. In the words of Josep F. Ràfols:

"In a century of flighty emotion, Gaudí the architect stands out as the loftiest return to the spirit of perfect unction which, in a way not precisely our own – as Maritain would have it – reached its peak in the Middle Ages. The *Sagrada Familia* ("Holy Family") church is a canticle of orderly atonement amidst the maddening clichés of revelry designed to flee the inexorable pain bequeathed by Adam's sin."

This church is the sublime embodiment of all human and divine knowledge, rather like the great medieval theological poem, *The Divine Comedy* – Gaudí is here the 'Dante of architecture,' as the papal nunciate, Cardinal Ragonesi, proclaimed. The metaphor caught on and was adopted by Joaquim Ruyra when he described the "poetic impression" emerging from the explanations he had been given of the church by its architect: "Its imaginative wealth, its stringent compliance with the mathematics and aesthetics of architecture and its fully documented symbolism arouse in me the same formidable feeling as Alighieri's *The Divine Comedy*." The church is endowed with the purity of its origins in the holy sacrament. Its creator's sources of inspiration were the liturgical texts since, in the end, as Father Josep Tarré stated in his paper, *L'Art i la Litúrgia* ("Art and Liturgy"), delivered at the First Congress of Christian Art in Catalonia in 1913:

"Liturgy reveals the truth clothed in dramatic appeal and expressive beauty and communicates the science of symbolism, which is indispensable to every religious artist."

Thus, through its public presence in the church or, better still, the cathedral, as the symbolic nucleus of citizenry united around Christianity, the Church set out to regain the ordering principle of communal life it had embodied in the Middle Ages. Art had to serve this goal, "to draw men together and to help uplift the people and provide social edification," as once stated by the Bishop of Vich, Josep Torras i Bages, so influential in turn-of-the-century Catalan art and intellectual circles, to which Gaudí belonged. The bishop, speaking from the seat in Vich of the abbot Oliva, mythical founder of the medieval Catalonian Church – suffice to recall the function Jacint Verdaguer ascribes him in his poem, *Canigó* – went on to say:

"That is why, when the Catalonian nation was germinating, my venerable predecessor, the bishop – abbot Oliva, built the Basilica of Santa Maria at Ripoll surrounded by cathedrals, monasteries and other Romanesque monuments that stretched from the town. They are its baptismal faith – records in stone which have transfixed an indigenous spirit and a people's ethos; beauty manifest as a social ingredient and agglutinant."

This was the turn-of-the-century philosophy that accounted for the inroads of the Church into the cultural sphere, which took place via the *Cercle Artístic de Sant Lluc* ("St Luke Art Circle") and the *Lliga Espiritual de la Mare de Déu de Montserrat* ("Spiritual League of Montserrat the Mother of God"). The former drew Catholic artists who strove to recapture the religious sense of artistic creation. The latter comprised politicians, writers, artists and middle-class figures whose aim it was to 'agglutinate' Catalonian society around a religious and patriotic ideal symbolised by the Virgin of Montserrat. In 1899, Antoni Gaudí became a member of both associations. The rather more reclusive, solitary picture of the man handed down to us is not in line with this initiative. Instead, it would suggest a desire for explicit, public projection as part of a communal endeavour. Both societies stood for inequivocal ideological positions in the turn-of-the-century cultural and artistic spheres, as summed up in the tenet of the *Lliga Espiritual de la Mare de Déu de Montserrat:* "To ask God, by the intercession of Our Lady of Montserrat, for the complete spiritual and temporal rebuilding of the Catalan People." In other words, to turn Christianity into the cohesive force cementing Catalonian society, based on a particular brand of Catalanism – the conservative brand, of course. This made the association rather more transcendent than a mere holy society.

In this respect, of the two societies the Spiritual League was far more influential. Aside from the import of its involvement in religious activities, it became a veritable social framework for professional activity. Its founding and associate members included many of Gaudí's friends, assistants and clients, most of them holding important positions: the Figueres brothers, Joan Rubió i Bellver, secretary and spokesman on the first Board; political leaders of Catalanism, such as Enric Prat de la Riba and Puig i Cadafalch, scholarly clerics like Norbert Font i Sagué, jewellers like Artur Masriera and writers such as Joan Maragall – an ensemble of illustrious names that played an important role in Gaudí'a life. The society had also attracted a group of young academics, foremost among whom was the poet, Josep Carner, in addition to members of the *Acadèmia Catalanista de la Congregació Mariana* ("Marian Congregation Catalanist Academy") such as Jaume Bofill i Mates, Emili Vallès and Rafael Masó i Valentí. The ideological and generational amplitude of the society is worth stressing – for Gaudí, apart from its politico-religious and therefore ideological importance, it stood for a coherent social organism, a tangible community, by way of a market with all its implications, as it did for all the Catholic artists in the *Cercle Artístic de Sant Lluc*. The accusations of mercantilism levelled at the Circle by some Modernist writers appeared to be confirmed by the Church's hand in directly or indirectly mediatising the Catalonian art market. In this respect, Gaudí's case was paradigmatic – at the turn of the century, his clients were all members of the Catholic circles and many of them the *Lliga Espiritual de la Mare de Déu de Montserrat*. This is wryly recalled by Apel·les Mestres:

"Gaudí, artificer of this architecture, born of madness or a yearning for originality, is continuously threatening to design no more secular buildings and devote himself entirely to religious architecture. This – he claims – is what the Virgin has commanded him.

"Hence, whenever a property owner has the malicious idea of commissioning him to design a house, Gaudí first declines the offer, then allows himself to be coaxed and finally claims he must first ask the Virgin Mary. If she should grant him permission...

"Unfortunately for the reputation of Catalonian architecture, the Virgin always consents."

However, Gaudí's presence in the Spiritual League also had an 'image' factor as it gave its members – enemies of Modernism – the chance to vaunt themselves as true 'moderns.' This is brought home by a mere glance at the society's journal, *Montserrat*. Moreover, Gaudí's was not an isolated case, but part of a larger scheme driven mainly by the young Carner – the initial reservations about accepting innovative art forms was shed when it gradually dawned on members that Modernism could be used as a currency guaranteeing a certain social status. It is along these lines that the journal assuaged the crisis of conscience posed by Josep Llimona's staff – unmistakeably fashioned in Modernist forms – which the *Cercle Artístic de Sant Lluc* had presented to Bishop Torras. Bearing in mind that the bishop had stated: "Modernism is heretical exaggeration and therefore a deformed fake of the Christian spirit welling up and coming to the fore at all times," it was concluded that a Catholic artist was incapable of producing anything other than "pure art," even though "the well-honed forms, smooth modelling, bold composition and free conception [of the staff]" would suggest it to be a case of 'modernist' art. The argument, to boot, was turned on its head: "the fact is modernist art tends to exaggerate the qualities inherent in present-day Christian art."

The reservations also reached Gaudí, but were overcome in a similar manner – if art was of Christian inspiration, it could not be Modernist. But – let no one be deceived – this idea implied the will to appropriate certain aspects of Modernism, notably, the more external ones which the bourgeoisie that had its pillar of strength in the Church found ideologically easier to digest. Gaudí, whose work contained precisely such "an exaggeration of genuinely harsh, bizarre forms," was thus converted into the Christian artist par excellence. Furthermore, he was instrumental in setting a patina of modernity on the prevailing conservative trends of his mentors. Thus, when the Spiritual League decided to undertake the construction of one of the *Misteris del Rosari de Montserrat,* its journal proudly announced that the project had been entrusted to the "brilliant Catalan architect, Gaudí." The epithet of 'brilliant' marked a direction that suited Gaudí rather well – it highlighted his individualism, setting him apart from the rest of the movement and likewise treated him as an 'exception' to the rule within the framework of the "new social order" promoted by the regionalist League and other religious intellectual circles.

By his restoration of Majorca Cathedral, Gaudí was committing a task similar to that of Bishop Morgades in Catalonia with his own restoration of Poblet – the endowment of Majorca with collective religious symbols. This is the same foundational spirit that moved Torras i Bages and likewise inspired Bishop Pere Joan Campins in his choice of the architect for the Sagrada Familia. Both bishop and architect intended merely to 'restore,' that is, to revive the original function of the cathedral. In this respect they were visionaries as they revealed a deep sense of respect towards the very essence of the building. So much so that, in support of them, Miquel Ferrà wrote:

"Providence saw to it that a man of foresight and a noble artistic sense should be called upon to initiate the project [...]. Summoned to examine the project and direct building work was the architect that in Spain is now accorded great eminence for his wonderful power of originality, albeit the most controversial and disconcerting of innovators. It must be admitted, however, that everyone was startled and held in awe to see how that fabulous creator of the Sagrada Familia came in to restore the ogival building in which everything is simplicity of pure line. But the magnificent church revealed such uplifting, simple and unsuspected secrets of harmony to Gaudí that those not blinded by prejudice were dazzled by the marvel."

Llorenç Riber recalls Gaudí's conversations or, more to the point, his Catalanist proselytism:

"To my immense fortune, I understood what he was saying as he gesticulated, impassioned, transfigured, clutching a copy of *La Veu de Catalunya* ("The Voice of Catalonia") he subscribed to. That same passion gripped me, too."

This turn-of-the-century Gaudí, completely caught up by the ideal uniting politics and religion, found in Joan Maragall and Josep Carner two poets embarked on the creation of his myth – the former, by raising him to the heights of the absolute and the latter, by setting him in a human, social frame. A vital part, in both instances, was played by the foundational image of the Sagrada Familia church as a new cathedral in a new 'city,' the city of the future that would emerge from the politico-cultural movement that had got off the ground. For Joan Maragall, following the events of the *Setmana Tràgica* ("Tragic Week"), the process had become charged with the Franciscanism and Pietism that were to be at the heart of a new-found coexistence.

In effect, writing in the daily *Diario de Barcelona* in such an auspicious year as 1900, Joan Maragall presented the Sagrada Familia church as a kind of miracle ("it rises unaided, like a tree growing with slow majesty") come to uplift the community in which it was worked ("developing like some force of peerless nature, absorbing all individual elements, labours, obstacles, dreams and accomplishments, raising everything together in the simple enormity of its upward drive."). He did not yet reveal the secret of its height and proportions – it was still not roofed, but the portal was completed as an invitation to enter:

"The portal is something of a marvel. It is not architecture, but poetry in architecture. It resembles no man-made building but a creation of the earth and of suffering struggling to overcome their inertia and start signifying, intimating images, figures and symbols of heaven and earth in a manner of stone babble."

Two factors were highly influential in Maragall's presentation: the grass-roots, worker environment and the challenge posed by the spiritual ideal involved in building the church:

"The unfinished church, in perpetual formation, which never quite draws its roof across the blue sky, nor its walls across the winds, nor its doors across the passage of men, nor its echoes across the murmur of the city and the song of birds! The church continuously awaiting its altars and fervently desiring the presence of God in them, rising endlessly towards Him without attaining His infinite highness but without losing its amorous hope for a single moment! What a beautiful symbol for the centuries to pass on!"

That same year Maragall had published a book of poems entitled *Visions i cants* in which he took the sense of patriotism conferred on the land by romanticism to an extreme. The 'visions' of Count Arnau, Joan Garí, the 'bad hunter' and others stem from a romantic miscellanea of history and legend set in an indefinite temporal space (such as that of the temple) and translate the subliminal life of a people into a cohesive art. This is how Maragall describes the 'miraculous mountain' in his article *Montserrat*:

"See a new vision of the temple, which now seems definitive to me. It is no mountain striving to become a temple, but instead resembles the ruins of an enormous temple draped and clothed by nature's perpetual renewal. The whole dome has collapsed and there the dazed columns, now bereft of anything to support, raise their thousand arms towards the blue vault of the unreachable heavens [...]. And this, mark well, is ours; it is the symbol to which our soul has surrendered. It is the miracle of Catalonia – Montserrat."

Thus, temple and mountain become one and the ruins do not so much evoke the ephemeral as the abolition of time, immortalised along with the land they blend into. By heightening the romantic myth of medieval peoples who identified with their cathedral as a communal building, land and temple become one. The fullest expression of the modern Catalonian renaissance is therefore directly linked to a new identity – that of the Sagrada Familia:

"When the sentiment of the Catalan ethos embarks on its material expansion, from the dark depths of the settlement emerges a man with a great idea – the construction of a new cathedral [...] the city is still a long way off and he knows nothing. The years pass by [...] and when the seed germinates, pushing up a clod of earth and the plant surfaces on the ground seeking the light, another man appears, a messenger of God, a visionary with the vision of *that thing*."

Thus, it is with the advent of Gaudí, the visionary artist capable of interpreting the as yet unconscious ethos of a people, that the temple assumes the nature of a collective work:

"The Sagrada Familia church in Barcelona is a monument to the Catalan identity. It is a symbol of eternally uplifting holiness, the construction in stone of a yearning for the sublime. It is the image of a people's soul."

Its construction was consequently imbued with symbolic meaning, which is why Maragall pledges personal involvement with the ideal embodied in the church, an ideal set above material need. Located, as he is, at the base of Sagrada Familia's mythical construction, it should not be forgotten that Maragall is calling for financial contributions from citizens to make building work possible. In his article entitled *"Una gràcia de caritat..."* ("A Charitable Grace...") he continues to argue in an aristocratic vein, setting art above life itself:

"When making their wills, there was a time when all good bourgeois of Barcelona felt compelled to bequeath something to the Santa Cruz hospital. The hospital was run by a private foundation, as the church is now and that led everyone to consider it their own, as the whole city felt as one. That old city had its citizens, while the new city still lacks those who feel part of a collective citizenry. The former felt compassionate in their use of the general hospital – but do the latter feel devout about the utility of the church? Well, I say to them that the church is more useful than a hospital and more than an asylum or convent, for building it requires the same virtue as erecting any hospital, asylum or convent and I claim the need for a church is as pressing as the greatest material need. Suppose that many citizens of Athens lived and died poor in classical times and you will feel moved. But suppose, too, that the Parthenon had never been built and you will see how this affects you. What more did the Greeks need? What else did the spirit of man require?"

What's more, in 1906 Maragall harped on the re-demptionist sense of the church as the outcome of the symbiosis between ruins and building:

"And the temple appeared to me, as ever; as it did to many others, as one great collection of ruins [...] realising those ruins marked the birth of something new, I was redeemed from the sorrow of all ruins and, since learning such con-struction resembling destruction, all destruc-tion now looks like construction to me."

The foregoing is developed further in Maragall's last article on the church in 1907, entitled *Fuera del tiempo* ("Outside Time"), in which he personally involves the ar-chitect's transforming force in a communal construction which only the visionaries dream of beyond time, for "between the vision and ourselves, the full gravity of death was felt." It points more to the dream of the future than to its actual materialisation. It was after this final ar-ticle that the Sagrada Família appears in his *Oda nova a Barcelona* ("New Ode to Barcelona"), the core of a new-found spirituality which Maragall holds up against the discord of the *Setmana Tràgica* and subsequent per-secution of the workers.

Maragall's relationship with Gaudí was close but not without its tensions. Gaudí was always bordering on exasperation and wrath, set in the centre of an irreconci-liable cosmic dualism, while Maragall preferred to seek harmony. In a letter to Josep Pijoan, he voiced his differ-ences in no uncertain terms:

"A few days ago, Gaudí invited me to visit Güell Park with him. It is interesting how this man does everything so wholeheartedly. We talked a lot and he explained his idea of South-ern decoration. But, after gradually going deep-er into the subject, we reached a point where we ceased to understand each other. In his work, his struggle to shape an idea in matter, he

sees the law of *punishment* and delights in it. I was unable to hide my distaste for such a nega-tive approach to life and we argued just a little, but I immediately realised we could not come to terms. I believed myself to be profoundly Catholic! I considered he embodied the dog-matic Catholic tradition in all its orthodoxy, while next to him I was an amateur rife with heresy but, in the end, things are not so clear. If we regard work, pain and the human struggle as punishment, we are really arguing about words. But, does the meaning of this word not suggest tainting human life in its very well-spring?"

Years later, Pijoan agreed with him: "Gaudí's genius is violent." The foregoing helps to piece together the mythic dimension of the man, aside from the inevitable ideological implications, but it clashes markedly with Josep Carner's analisis which, albeit drawing on many of Maragall's ingredients for mythical construction, is geared to quite another goal – Gaudí's socialisation, not by setting him within an absolute mythic universe but within the sharper framework of a cultural milieu.

Carner and Gaudí must have met as members of the Spiritual League and they are known to have coincided in Majorca, where they both exercised considerable in-fluence. They shared a common Christian religious atti-tude which Carner had no qualms about systematically expounding in the journal *Catalunya*. Setting himself up as the mouthpiece for a broad segment of contemporary intellectual youth circles, he cited the architect as one of the models to emulate:

"We admire the lofty serenity of Ruyra's soul, set on the purest Christian foundation and con-sider as a wonderful trinity – one in the Trinity of God – those three eminent men: Torras i Bages, Gaudí and Ruyra."

Shortly afterwards, a special edition of the same journal – *Catalunya* – directed by Carner, featured Tor-ras i Bages's dissertations on art in an obvious endeavour to adhere to his teachings. Gaudí was thus a kingpin in the Catholic sector – the most strident one as far as modernism was concerned. The following verse sal-vaged from oral tradition by Joan Lluís Marfany is attrib-uted to Carner:

Si gaudiu del modernisme
no us quedeu a mig camí;
arribeu al paroxisme
de gaudir-lo amb en Gaudí.

("If you enjoy Modernism
Not half-hearted should you be,
Reach out for the paroxysm
Of enjoying it with Gaudí.")

However, Carner never puts across a picture of the brilliant, impetuous Gaudí but of a Gaudí endowed with classical Mediterranean serenity who is able to capture the essence of good-naturedness and arrange it in orderly fashion under the light of idealism. It is odd to see how many of the images Carner uses to define poetry are the same as the ones he applies to Gaudí. When all is said and done, the myth of Orpheus – "the sound of the lyre of Orpheus, founder of cities" – as in Torras i Bages, unites poetry and architecture:

> "And poetry, forever the sole reason for stones being laid upon stones, plots being staked out and walls built, always preserves the natural essence, purifying and exalting the compounds and aspiring to ever nobler ideals by leading the soul of the people on an indefinite ascent towards the light."

This accurately reflects Carner's involvement in the city's foundational idea: "Oh, city! You bear the immensity of the heavens which you have to conquer with the uplifting wealth of your identity." Hence, by supporting the construction of a public stage setting charged with the holy function of a true theatre, Carner proposes it should be designed by Gaudí, "because he is our religious architect par excellence." This image of the visionary, winged, prophetic architect is perhaps best reflected in the sonnet entitled *En Gaudí*, from the *Primer llibre de sonets* (1905):

> *Oh el sol, i com li posa la cara falaguera!,*
> *com penetra en sos ulls la delícia del blau!*
> *Sos llavis són afables, i per la barba suau*
> *Ell té l'argent finíssim i august de l'olivera.*
>
> *Del goig de tant crear sa veu és riolera.*
> *Damunt dúna boirada qui pal·lideix i cau*
> *ell ha evocat la joia de la claror primera*
> *i ha alçat la pols daurada que en tota cosa jau.*
>
> *És un cim, dominant les estèrils planures,*
> *on ja arriba la llum de les glòries futures;*
> *ell és una magnífica senyal de promissió.*
>
> *I son braç, per damunt de les gents catalanes,*
> *enlaira immensament les portes sobiranes*
> *de la vida, la mort i la resurrecció.*

("Oh, the sun, how it plays flatteringly on his face!
How the delight of blue penetrates his eyes!
His lips are affable and his beard smooth,
He has the illustrious, pure silver of the olive tree.

"His voice is mellow from so much creation.
On a fading, vanishing mist,
He has evoked the joy of the first shafts of light
And raised the golden dust that lies everywhere.

He is a summit commanding the sterile plains,
Reached by the light of future glories.
He is a magnificent sign of promise.

And his arm, above the Catalan people,
Immensely raises the sovereign doors
Of life, death and resurrection.")

It appears that this intense union of the architect's labour and the poetic sense of creation requires another perspective – that of architectural construction as an example of poetic creation. And Carner is quick to collect it from Gaudí's lips:

> "I remember a beautiful image which Gaudí once evoked during one of his chats, those talks seemingly brushed by the dancing halo of sunlight set up by the plane trees at the Greek Academy. 'When we put up a building,' said Gaudí, 'everything stirs around us in a continual transport of joy. Here, a stonemason dressing his stone; there, a carpenter sawing some fine wood; labourers are moving about and a builder shouts from the top of a wall that grows almost miraculously, while beside him someone is singing. The sun filters through everywhere! But, when the building is completed and all the bustle and revelry has ended, some people turn up and lock themselves away behind the walls, oblivious to poetic creation. Order and peace have come, but so, too, silence and monotony.' We poets are the nation-builders and now that we have so much work to commit on the projected home of the Catalan people – after gauging everything still to be done and seeing the holes where the sunlight comes in – we feel no discouragement or pessimism, but are eager to create, which is fortunate as it has to be fertile."

But Carner was still to do more for Gaudí: apart from the articles he dedicated to the latter's production, he turned him into a figure in his own literary world, into a yardstick for his writing. Particularly striking is his *Sa cadireta de Madó Tonina,* a priceless anecdote told in Majorcan Balearic in *La Veu de Catalunya* and subsequently blended into a short story entitled *La Cadireta* ("The Little Chair"), part of his *La creació d'Eva i altres contes* ("The Creation of Eve and Other Stories"), published in 1923. The anecdote is a simple affair – it recalls a little old lady who used to go to the cathedral every day to pray for the souls of the deceased. This was a regular occurrence, until...

> "One day, Madó Tonina heard a great din in the cathedral. She turned towards the choir in her little chair and saw that some men carrying ropes and pieces of wood had entered. It turned out a Barcelonan architect had come to disturb the peace and quiet of that large, beautiful cathedral flooded with light.
> 'Oh, Most Holy Mary! Sweet Jesus heart of mine!' exclaimed Madó Tonina. 'What are those men going to do with their planks and ropes?' And a little old lady sitting next to Madó Tonina replied:
> 'They're taking the choir out of the cathedral!' Madó Tonina was flabbergasted. Remove that big choir, which she was used to seeing every day beside her! She at once felt quite at a loss.
> 'Sweet Jesus, Sweet Jesus, Sweet Jesus!' she exclaimed. 'Where on earth am I going to put my little chair?'"

For Carner, Gaudí's detractors, who opposed the cathedral reform, were the "Madó Tonina's little chair people" – in other words, those incapable of seeing beyond their own personal interests. That is what he called them in his *La ciutat sense ara* from the prose work *Les planetes del verdum* (1919), where he again quotes Gaudí, this time in praise of the tram (a vehicle which, paradoxically, was to later run him over). That is the gist of his *Auca d'una resposta del senyor Gaudí,* which the poet included in his *Auques i ventalls* (1914). Cast on a humorous note, he makes the architect one of the many elements in the urban landscape – after an anecdote attributed to Isabel Güell, Count Güell's daughter – and plays on Gaudí's reputation for settling trifling domestic matters after much deliberation. Eugeni D'Ors was also known for referring to Gaudí ironically in *Glossari* on an issue such as how to best display palm Sunday palms on Barcelona balconies. On the subject of rhyming couplets, Gaudí is said to have met Carner on a tram one day and paid his ticket. At the latter's protests, Gaudí replied:

"It costs five cents – the price of the couplets." They run as follows:

A REPLY IN RHYME BY SR. GAUDI
To Carlota Campins

Tothom n'ha sentides dir *d'aquest gran senyor Gaudí*	Everyone has heard with glee Something about Sr. Gaudí,
que cada hora –¡no s'hi val!– *fa una cosa genial*	Who at every turn – forswear! Builds something wholly rare.
i no deixa viure en pau *l'home savi ni el babau.*	And leaves but nobody alone, Neither sage nor foolish clone.
Ell alçava amb ferro vell *l'alta gàbia d'En Güell.*	For Señor Güell in iron of age He raised on high a lofty cage.
Arma un temple a Sant Martí *que mai més no tindrà fi.*	At San Martín a church he made Its end forever quite unplayed.
Ningú diu de can Calvet *que no fa calor ni fred.*	Of Calvet's home is often told You there feel heat and cold.
En un Parc posa En Gaudí *l'Orient a estil d'ací.*	A park he set with Eastern fare Struck in local style from here.
La gran Seu dels mallorquins, *l'esbotzà de part de dins.*	The great Majorcan Seo, He designed inside we know.
Amb la casa d'En Batlló *burxa el neci espectador,*	In his Casa Batlló he roused, The ire of an uncouth crowd.
i amb la casa d'En Milà *es pot dir que el va aixafar.*	And kept them in line, With his Casa Milà design.
Ara ha fet una maqueta *d'una església «maqueta».*	Now he has made a maquette, Of a church quite 'coquette'.
És el temple i cada altar *tot de fil d'empalomar.*	All the church and altars, too, Of chicken wire right through.
Però l'èxit d'En Gaudí *ve d'allò del violí.*	But Gaudí's great acclaim, Comes from his violin fame.
Per cinc cèntims ho sabreu *(de les auques és el preu).*	For five cents you will learn, (That's what couplets earn).

Dona O Comes i Abril
va guarnir un saló d'estil.

Lady Comes i Abril meanwhile
Had a salon done out in style.

L'estil era...no ho sé pas.
Un Lluís que no ve al cas.

In a style... well, in this case,
Of a Louis quite out of place.

Ella té un oncle segon
que ha rodat per tot el món.

Her first cousin once removed
Around the world has moved.

Un matí que era al Midi,
se li ocorre de venir.

But in Midi one day thought,
To come back he ought.

Mes s'atura: – A la neboda
dec encar present de boda.

Then he stalled, quite adrift
He owed her a wedding gift.

Què li duc, què no li duc...,
convindrà que hi tingui lluc. –

What to take, what to shun?
It should be something fun.

Vol quelcom de la faramalla,
i de sobte deia: – Calla!

She likes everything ornate
But he suddenly said: wait!

De petita l'he sentit
fent escales dia i nit,

As a girl I now recall the sight:
Her playing scales late at night.

que eren, ai, per «desiguales»,
la terror de les escales.

Those shrill notes became
Of others' lives the bane.

Un piano li daré;
tant se val, que quedi bé. –

A piano shall I give her soon,
No matter if it is out of tune.

I ja posa un telegrama:
– Cua Erard per una dama. –

A telegram he went to send,
"Erard grand for lady friend."

Ell arriba (per Cerbère)
i el piano ja l'espera.

He then went off to Cerbère
With the grand awaiting there.

Envers la senyora Comes
el duu un «pessetero» amb
                          [gomes,

There a skinflint with a band
Regaled Señora Comes with
the grand.

i mant camàlic que sua
puja el piano de cua.

Perspiring porter, fine fellow,
Held aloft the grand piano.

Per sorprendre-la, era un dia
que la senyora tenia,

Not so many surprises as this
Come to rouse the lady's bliss.

alleujant la conciència,
«cine» de beneficència.

A matter of conscience in fact
Behind such a charitable act.

Porten, amb emoció,
el gran fòtil al saló.

The large piano into the hall,
Was taken excitedly by all.

La neboda va arribar:
– Oncle! – Noia! (Allò que es
                          [fa.)

His cousin came and cried:
"Uncle!" "Lass!" "What's
inside?"

En mirar el present novell
dona O no cap en pell.

At this new present Lady O
Felt her pride begin to flow.

Però fa un veí subtil:
– ¡El piano no és d'estil!

A subtle neighbour did add:
"Why, that piano's not the fad!"

– ¿Com ho fem? ¡I el vull lluir!
Ja veuràs, crido en Gaudí. –

"I want to try it – that may be,
I know I'll call in Sr. Gaudí."

Ell, molt fi, ve de seguida.
– ¿Què volia, si és servida?

He came attired to measure,
"What is your pleasure?"

– Ja coneix – diu ella humil –
que el saló tot és d'estil.

"You know," (a humble smile)
"The salon is done in style."

Sense fer cap dany a l'art,
¿on posem aquest Erard? –

"So art may not be disgraced,
How must it be well placed?"

En Gaudí mira el saló
amb aquella atenció.

Gaudí scanned the place,
As befits a man of grace.

Ressegueix tots els indrets
i mesura les parets.

He examined every nook,
And wall measurements took.

D'un brocat alça les gires
i separa cinc cadires.

Lifted the corner of a drape
And set five chairs agape.

I aleshores, somrient,
va movent el cap d'argent.

Then he smiled quite clear,
Nodding his silver hair.

La senyora, esperançada,
va a saber-li l'empescada.

Her hope the lady did not lose
And realised his artful ruse.

– ¡Tanmateix, senyor Gaudí!
Digui, digui, ja pot dir. –

"Even so, Señor Gaudí,
Go ahead, you may trust me."

Don Antoni, amb la mà
es rascava la barbeta. [dreta,

Gaudí his right hand reared
And scratched his beard.

– ¿És vostè – diu molt atent –
qui es dedica a l'instrument? –

"Do you..." he enquired,
"... play the piano inspired?"

La senyora li explica:
– Oh, veurà. Toco una mica. –

The lady hastened to admit:
"Yes, I play, but just a bit."

I va dir el senyor Gaudí:
– Miri, toqui el violí.

At that Señor Gaudí put in:
"Do please play the violin."

184

Carner applied a similar witticism to Joaquim Ruyra and Miquel Costa i Llobera – although lacking the full irony of the Gaudí instance – with the intention of fostering cultural attitudes and artistic and literary models that differed from prevailing turn-of-the-century trends. This project eventually crystallised in 1906 into the so-called *Noucentisme* movement. This begs a question that may equally be asked of the poet Costa i Llobera and the story-teller Ruyra: Was Gaudí a *Noucentista?* The answer would exceed our present limits, particularly if attempting to define the meaning of *Noucentista.* Perhaps it will suffice to note that by Gaudí's Catalanist, Christian stance, he was spared becoming an organic, systematised intellectual with the technical acumen demanded by Eugeni D'Ors. Gaudí was another kind of artist – an outstanding genius. Moreover, even compared to the rest of the art world, he went a lot further in upholding uniqueness.

The Regionalist League was sectarian in fuelling the myths that had arisen around the figure of Gaudí and the Sagrada Familia, while Gaudí kept to himself and allowed himself to be 'used.' He was an exception, which accounts for the game of 'utility and service' so consubstantial with *Noucentista* intellectualism not being able to come to grips with him. Hence, in an aesthetic sense, he could only win comparative acceptance. Among other ironies, Eugeni D'Ors wrote his well-known phrase:

> "I must confess I am sometimes horrified to think of the fate of our people, forced to shoulder on their precarious normality the burden, grandeur and glory of these sublime anomalies: the Sagrada Familia, Maragall's poetry..."

The Social Myth – the Architect of the Poor

In 1929, Josep Pijoan recalled a statement by Mossen Gaietà Soler: [the Sagrada Familia] "has always been supported *by the good folk who don't go to Mass.*" The idea was not new. By 1905, he had already taken stock of the clash between the gossip and envy Gaudí had aroused in cultured circles and his popular identification:

> "In contrast, the common folk, younger and livelier than ourselves, have never hestitated in their wholehearted acceptance of the undertaking, without doubting its advantages. Even today, construction work proceeds thanks to the modest donations of the humble folk, while we

proudly enjoy its development and take pleasure in its beauty.

> "All learned men should open their eyes and see how the people love and even protect the cathedral that is to be their enterprise! It is respected by all common people. Indulgent looks can even be observed among the more boisterous workers when they come out of their factories. When the tramcars from those industrial suburbs run close by the church walls, men and women instinctively turn and stare in awe at those ideal forms, holding out assuaging beauty as they rise."

Was Gaudí's involvement in building the Worker's Cooperative in Mataró merely an assignment with no strings attached? Or, on the contrary, was it due to an ideological affinity with the cooperativist movement? The way this episode has been handed down to us and construed, it must be referred to the sphere of the Gaudian myth. This would provide inequivocal proof authenticating the social stance of the architect who, in Martinell's words, "replaced lay philanthropy with Christian charity." The Sagrada Familia was qualified by Joaquim Mir, in the title of a canvas exhibited in 1898, as the 'Cathedral of the Poor.' Pijoan described the reasons for this. The cathedral was sited in the middle of a working-class suburb, far from the bourgeois city centres. Moreover, the whole project was grounded in Franciscan conceptions of renunciation and poverty which in turn responded to a Church movement intended to influence working-class environments. The statutes of the *Cercle Artístic de Sant Lluc* pledged allegiance to Leo XIII's idea of "restoring the old Catholic guilds, instrumental in promoting the arts and mutual charity among the poor." The programme was also adopted by Joan Llimona and Aleix Clapés – the latter, a decorator at the Güell palace – and was linked to the troubled conscience of the bourgeoisie, who had made their fortune using highly uncharitable methods. However, social righteousness had its limits: Verdaguer, acting on behalf of the Marquis of Comillas, overstepped them and had to shoulder the consequences. Gaudí channelled it via the Sagrada Familia, an 'expiatory' temple (related to ideas of sin and redemption) that did not compromise anyone's fortune.

Even when distinguishing between the architect's endeavours and the use they were turned to, Gaudí's work was a vitally active ingredient in the Catalonian Church's social policy. This is evinced primarily in Gaudí's hand in designing the Güell Colony, based on an act of social paternalism and promoted as an indigenous example of deliverance from the class struggle.

On the occasion of the *Setmana Social* ("Social Week") held in Barcelona in 1910, the colony was held up by Torras i Bages as an example of work being dignifying, a crystallisation of materialist constants in the Catalan character in harmony with spirituality. This recalls the symbiosis between earth and spirituality seen by Maragall in the Sagrada Familia. Thus, in the bishop's words, "this collective institution of dignified manual craft, which likewise bestowed dignity on industry, sprang from the Christian life of our people. Ideals were shaped in matter. Manual craft nurtures the seeds of the loftiest idealism."

Tangible evidence of such ideals was forthcoming in an exemplary case: the solidarity shown by the priest, Count Güell's two sons and nineteen workers from the colony who put themselves at risk to save a boy in an accident. According to Ramón Rucabado, the deed showed that "when the spirit of work reaches such sublime heights, it is plain to see that the social issue in the Colony has been all but settled." Hence, in the worker issue, too, there appeared to be total identification in the Güell–Torras i Bages–Gaudí triad. Suffice to recall that drawing by Opisso showing the three on a visit to the Sagrada Familia. The bourgeois, priest and artist united by the church's ultimate significance – the conviction that the social issue could be resolved in the harmony between workers and employers achieved through patriarchal, Christian ideals which, in his view, were likewise Catalonian. When Gaudí suggested including a monument to Torras i Bages on the so-called Passion Facade of the Sagrada Familia, he was clearly honouring an ideal whereby a city and society were articulated by a foundational project – the bishop stood for intemporal values which Gaudí felt capable of articulating a new society more in tune with nature, fairer and more harmonious. Such ideals were to crystallise in a future 'righteousness' which Maragall endorsed following the "Setmana Tràgica" in his *Ode to Barcelona*:

A la part de llevant, místic exemple,
com una flor gegant floreix un temple
meravellat d'haver nascut aquí,
entremig d'una gent tan sorruda i dolenta,
que se'n riu i flastoma i es baralla i s'esventa
contra tot lo humà i lo diví.
Mes, enmig la misèria i la ràbia i fumera,
el temple (tant se val!) s'alça i prospera
esperant uns fidels que han de venir.

"On the eastern side, a mystical example,
Like some giant flower blooms a church,
Marvelling at having been born here,

Among such bad, dour people
Who laugh and blaspheme, fight and rise
Against all human and divine values.
But, amidst such misery, wrath and smog,
The church (it matters little!) rises and prospers,
Awaiting the faithful who are to come."

On the architect's death, J.F. Ràfols wrote:

"People never quite understood Gaudí, because the charitable ideal his work stood for was incomprehensible to democratic atheism and to criminal vanity. The genuinely destitute were the first to pay homage to his mortal remains, as they were the only people worthy of loving him, of appreciating his life of renunciation and of loving his Cathedral of Sacrifice."

The Myth of Sanctity – God's Architect

Based on a variety of ingredients, the myth of Gaudí's sanctity obviously responded to a blend of his personal attitude and his public projection. "Everything, but everything," wrote Joan Llongueras ('Chirón') "in the exemplary life of this man – such a friend to sanctity, so naturally acquainted with it – bears the visible mark of the divine." This 'saintliness' naturally required an exemplary vocation culminating in a 'holy death,' wherein the distinction between wordly and spiritual values had to be lastingly rubbed out. That is why the myth of the young Gaudí as the anti-clerical dandy is quite in keeping with his sanctity – it pins it down. Many writers who dealt with the exemplary character of his life were drawn to this issue, as was Jaume Bofill i Mates:

"Gaudí had been a 'wordly man.' The smart, society man who often stayed in his car when giving instructions at the foot of the Sagrada Familia 'expiatory temple' was gradually drawn to piety and ended up leading a most austere life as 'oblate of the temple.'"

This turnabout was variously ascribed to superior design – Gaudí had been chosen among architects to perform a holy mission and was therefore also vulnerable to divine wrath. The Sagrada Familia thus acquired connotations of superiority and was referred to the sphere of the absolute, as a supernatural response to history – if Barceloners had persecuted priests and burned churches and convents, God countered with a response beyond history. In his article *L'arquitecte de Déu*, Manuel

Trens provides a twist to the meaning of the church: instead of being an endeavour by man to rise towards the divine, he considers it God's intervention among men, more in the spirit of the Old Testament than the Gospels. At bottom, the church is a precinct of the absolute. Mythicising the church and the divine choice of its artificer, he wrote:

"The Sagrada Familia church is surrounded by a halo of divine providence which sanctified it before it was even consecrated. In such uncertain, inane times as these, building a cathedral and finding the right architect, with both foresight and resolve, is truly a great blessing bestowed by God on us and wondrous atonement for all the sins committed against His holy person and for the remunerated sins against His holy mansion. This church and its divine slowness takes us back to biblical times when God personally gave instructions to the architects of His Temple. Wishing to take care of everything, God disregarded all else and brusquely chose that unique man. He seized him from that sacred pit of the Sagrada Familia, pounded him like his prey and jealously locked him between those four walls where they now show the monster of Liturgy and Art imbibing the air with its insatiable gills.

"There the great architect was shut off from the outside world, a lone monk in a unique monastery chipped out by the beating of wings, heeding the voice of God and carrying out His orders as if those of a scrupulous, demanding landlord. Amid the noise within and without, those orders lost impetus on the way, but he amplified them with the Scriptures, the Missal, the Pontifical, the Breviary and the other official texts of the Liturgy. Those orders were often late in coming with the hours, but he entreated and pestered the great Landlord, devouring him and even searching for pockets of his tumultuous energy in church corners in the contemplative twilight hours of simple folk with a good heart who he knew had been promised the sight of God.

"Thus, by withdrawing from men and their writings, by praying and communion, Gaudí became charged with God's high tension and could not be touched without sparks flying off. Between his fingers all the dead forms of past styles were fused and a new lexicon had to be devised to capture the cursive lexicon of powerful nature.

"The great architect did nothing without God because through his formidable intuition he could see his mission and responsibility. He was aware that alone and armed in modern fashion he had to challenge ten generations of cathedral builders, fight with an avalanche of stone, iron and wood struggling to become a city, a holy city in which each stone had to bear a mark of the divine. He had to unravel the whole riddle of Christian symbology, theology and liturgy destined to stud the future vaults beneath which God himself would dwell, the only lord with whom he has ended up on good terms.

"Master Gaudí, with blind faith in the Lord and in the Mediterranean ethos, undertook his labour with the serenity and stealth of the world's wonders, with a humble bearing befitting the medieval, with which he was the sole intermediary. Without him the task would have become inextricably embroiled, that partaker of the secret, indescribable joy of the Virgin who built the body of Christ, as Claudel remarked:

'Le père de l'église s'émeut et connait un peu de la joie de Notre-Dame!
Il est donc vrai que Dieu était en moi puisqu'il en sort!'"

The foregoing text is clearly an attempt at shaping a model for the myth. Historic facts have been transposed to a timeless absolute (even the time in which Gaudí's work is set: "divine slowness"). Other features are his vocation as one chosen by God, even forecefully so, to fulfil a mission; his role as a dragoman, interpreter of divine dictates and creator of a new language which, handed down by God, is commensurate with nature. And, above all, if the church is the sacred body, the architect who built it is likewise a creator of the divinity, like the Virgin herself.

His image as an obstinate, bad-tempered man is designed to compound the myth, as they are attributes of a superior man, marked by the wrath of God, who speaks through him. Bofill i Mates continues:

"In his final years he went about with his hands tucked up his sleeves like a friar – poor, unkempt, stooping, vegetarian, utterly humble, like a barnacle armed with spikes and crowned with jasmine. One had to realise he was virtually a saint to avoid mistaking his humbleness for pride. The man who ended up working solely on the church and for love of God became a humble, frightening beggar. Not for himself, but for his work."

His volatile character could be justified on two premises. In an editorial, the journal *La Paraula Cristiana* ("The Christian Word") regarded it as his way of protecting his humbleness:

"You might have praised the Temple and he would have supported you – not the slightest hint of pride crossed that wise, infant's countenance. But you instead attempted to praise the architect and had your words frozen on your lips by an outburst of wrath or some cruel, biting irony. More than modest, he was a humble man, well aware of human – perchance superhuman – measure and that is why he understood all limitations and divine provenance. He had an angelical vision of things."

Consequently, "if St Francis had been an architect, he would have closely resembled Gaudí." However, wrath was a gift of God and Gaudí, who identified himself with the church, similarly wore the features of holy things: "*Terribilis est locus iste*," runs the liturgy when new churches are blessed. Like the latter, the man consecrated to a church is also holy and fearful – the nexus between the contingent and the absolute. Bofill then proceeds:

"He was, like most geniuses, a twilight man. He lived in a state of war, on the frontier of humanity and mystery. He was severe in self-discipline and often in disciplining others, too. His obsession was to trespass upon boundaries and mark out new kingdoms."

The expression of his eyes and speech, therefore, became gradually holier: "the humble man faced his audience and riveted them with the light of his eyes and his words, aside from any particular statement," Bofill remarks. Llongueres was more explicit, adding: "God's wisdom emanated from his meek, serene thought and his heart brimmed over with heaven's bounty. He spoke like an apostle and gazed like a seraph." Llorenç Riber comments, "Those eyes of his were spell-binding and frightening at the same time."

His death, run over by a tram and charitably taken to hospital like some unknown destitute, rather than a contradiction, is consistent with his development. Even the fact of dying under a tram, he who had subdued matter, "smacks of inevitable predestination or the irrevocable will of God," writes Llorenç Riber. And Ràfols describes the tram more explicitly as "the blind force of implacable material progress that regarded the old man as a hindrance." Even the very hour of his death had to be so: "Death is always timely," stated Torras i Bages. From a Christian viewpoint, it could not have been otherwise. That is why church circles even began to speak of the example set, not by his life, but by the architect's death. The following, taken from *La mort apassionada* by Carles Cardó, one of the most influential priests at the time, bears this out:

"Could you imagine anything more fitting than Gaudí's death? He, the pauper, dies and is charitably taken to hospital. He, the poor volunteer, was picked up in the street by strangers and like some anonymous destitute assisted in a dispensary and then ensconced in the Santa Creu hospital among an anonymous throng of wounded. Hours went by before anyone realised the man was Gaudí. If he had been conscious, he would have thanked God for such a loving death, so in keeping with the Gospel!

"Is his death not timely for us? Just when he had set the first Cross in his church; when the end of his labour was in sight – an end in terms of height and beauty – the man departed this world, leaving the path staked out for the great art monument and the lesson of his modesty for the other monuments to be built.

"Death has the virtue of bringing us spiritually closer to those departing. Previously, I had seen Gaudí from time to time, and was touched by the tender brilliance of his spirit, shining through his eyes of an enthralled child and his words of angelical freedom. Death, however, makes him omnipresent. Now we recall his great pronouncements and those eyes with a gaze of depth and amplitude have suddenly revealed the grandeur of his soul, made to the measure of the saints."

Cardó's words are endorsed by the clichés of the triple lesson: 'modesty, chastity and poverty' which, like the saints, shows the exemplary way for other mortals to follow – to complete the work embarked on and willy-nilly to "transplant his virtues in our soul." As Llongueres wrote: "A genius has died in Barcelona! A saint has died in Barcelona!"

INDEX OF PHOTOGRAPHS

Deseamos expresar nuestro agradecimiento a:

Joan Bassegoda Nonell
Cátedra Gaudí. Barcelona
Sagrada Familia. Barcelona
Palacio Episcopal. Astorga (León)
Fundació Caixa de Catalunya. Barcelona
Parcs i Jardins. Ajuntament de Barcelona
Col·legi de Santa Teresa. Barcelona
Caja España (Casa de los Botines). León
Ibèria Assegurances (Casa Batlló). Barcelona
Institut del Teatre. Diputació de Barcelona
Colònia Güell. Santa Coloma de Cervelló (Barcelona)
El Capricho de Gaudí. Comillas (Cantabria)

Por Lunwerg Editores:

Director General:	Juan Carlos Luna
Director de Arte:	Andrés Gamboa
Director Técnico:	Santiago Carregal
Maquetación:	Elisa Cid
Coordinación de textos:	María José Moyano
Traducción:	Edgar Busquets
	Dominic Currin

5.000
Dörrie